LA CUISINE FRANÇAISE

FRANÇOISE DE ANGELIS
FRANÇOISE PLOQUIN

Collection dirigée par
ISABELLE JAN

HACHETTE
58, rue Jean-Bleuzen
92170 Vanves

Couverture : Agata Miziewicz ; photo Bouillaud/Scoop.

Conception graphique : Agata Miziewicz.

Composition et maquette : Joseph Dorly éditions.

Dessins : Valérie Leroux.

ISBN : 2-01-020466-2

© HACHETTE LIVRE 1997, 43, quai de Grenelle, 75905 Paris Cedex 15

Tous droits de traduction, de reproduction et d'adaptation réservés pour tous pays.

Le Code de la propriété intellectuelle n'autorisant, aux termes des articles L. 122-4 et L. 122-5, d'une part, que les « copies ou reproductions strictement réservées à l'usage privé du copiste et non destinées à une utilisation collective », et, d'autre part, que « les analyses et les courtes citations » dans un but d'exemple et d'illustration, « toute représentation ou reproduction intégrale ou partielle, faite sans le consentement de l'auteur ou de ses ayants droit ou ayants cause, est illicite ».

Cette représentation ou reproduction, par quelque procédé que ce soit, sans autorisation de l'éditeur ou du Centre français de l'exploitation du droit de copie (20, rue des Grands-Augustins, 75006 Paris), constituerait donc une contrefaçon sanctionnée par les articles 425 et suivants du Code pénal.

Sommaire

REPÈRES.............................. 5

SAUCES

1. Aïoli 6
2. Mayonnaise 6
3. Vinaigrette 6
4. Béchamel 8
5. Beurre noir 8
6. Sauce blanche 8

ENTRÉES FROIDES

7. Harengs – pommes de terre à l'huile 9
8. Œufs mimosa 9
9. Pâté de foies de volaille .. 9
10. Asperges à la vinaigrette .. 10
11. Aubergines en caviar 10
12. Avocat aux crevettes 10
13. Melon en macédoine 11
14. Salade du boucher 11
15. Salade de champignons . 11
16. Salade au chèvre chaud . 12
17. Salade d'endives 12
18. Salade folle 12
19. Salade frisée aux lardons 12
20. Salade de lentilles 14
21. Salade panachée 14

ENTRÉES CHAUDES

22. Beignets d'aubergines 16
23. Flamiche aux poireaux .. 16
24. Langouste thermidor 18
25. Moules marinières 18
26. Piperade 18
27. Pissaladière 19
28. Quiche lorraine 20
29. Soufflé au fromage 20
30. Tomates farcies 20
31. Soupe à l'ail 21
32. Soupe au lait 21
33. Soupe de légumes 21
34. Soupe à l'oignon gratinée 22
35. Soupe de poissons ou bouillabaisse 22
36. Soupe de tomates 23

PLATS PRINCIPAUX

Bœuf

37. Bifteck marchand de vin 24
38. Bifteck au poivre 24
39. Bœuf bourguignon 25
40. Bœuf miroton 25
41. Hachis parmentier 25
42. Pot-au-feu 26

Veau

43. Blanquette de veau 27
44. Côtelettes à la crème 27
45. Escalopes aux champignons 27
46. Escalopes panées au gruyère 28
47. Rôti de veau à la casserole 28
48. Sauté de veau Marengo .. 29
49. Tête de veau sauce gribiche 29

Mouton – agneau

50. Cervelles au beurre noir . 30
51. Côtelettes grillées 30
52. Gigot d'agneau 30
53. Navarin 31

Porc

54. Cassoulet 31
55. Choucroute 32
56. Côtelettes de porc 32
57. Filet de porc aux pommes 32
58. Petit salé aux lentilles 33
59. Potée campagnarde 33

Volailles

60. Cailles aux raisins 34
61. Canard aux olives 34

62	Lapin en civet	34	95	Pommes de terre sautées 49
63	Lapin à la moutarde	35	96	Ratatouille 49
64	Pintade farcie	35	97	Tomates à la provençale 50
65	Poule au pot	36		
66	Poulet basquaise	36		

DESSERTS (begins at line 65 area)

62 Lapin en civet 34
63 Lapin à la moutarde 35
64 Pintade farcie 35
65 Poule au pot 36
66 Poulet basquaise 36
67 Poulet chasseur 37
68 Poulet au citron 38
69 Poulet farci 38
70 Coq au vin 38

Poissons

71 Colin au court-bouillon .. 39
72 Dorade au four 39
73 Friture de merlan 40
74 Gratin de poisson 40
75 Lotte en brochette 40
76 Morue en brandade 40
77 Raie au beurre noir 41
78 Saumon en papillote 42
79 Filet de sole meunière ... 42
80 Thon à la provençale 42

Œufs

81 Œufs à l'aurore 43
82 Œufs bourguignons 43
83 Omelette au fromage 44
84 Omelette de pommes de terre 44

LÉGUMES D'ACCOMPAGNEMENT

85 Aubergines à la tomate .. 45
86 Endives braisées 45
87 Endives au jambon 45
88 Épinards sauce blanche . 46
89 Gratin de courgettes 46
90 Haricots blancs à la tomate 46
91 Haricots verts à la tomate 47
92 Jardinière de légumes ... 48
93 Pommes de terre frites .. 48
94 Gratin dauphinois 48
95 Pommes de terre sautées 49
96 Ratatouille 49
97 Tomates à la provençale 50

DESSERTS

Crèmes

98 Crème anglaise 51
99 Crème au café 51
100 Crème au chocolat 51
101 Mousse au chocolat 52
102 Œufs à la neige 52

Fruits

103 Compote de pommes 53
104 Pêches au vin 53
105 Poires au vin 53
106 Pommes au four 54
107 Salade de fruits 54

Glaces

108 Sorbet exotique 54
109 Sorbet aux poires 55

Gâteaux

110 Pâte brisée 55
111 Baba 55
112 Brioche 56
113 Charlotte aux pommes .. 56
114 Gâteau au chocolat 56
115 Pain perdu 57
116 Tarte au citron, à l'orange 57
117 Tarte aux fraises 58
118 Tarte aux poires 58
119 Tarte Tatin 58
120 Clafoutis 59
121 Crêpes 59
122 Beignets de pommes 60

IDÉES DE MENUS............. 61

MOTS ET EXPRESSIONS..... 62

Repères

La France est connue dans le monde entier pour sa bonne cuisine. Chaque région a ses recettes et ses habitudes. La France a eu longtemps beaucoup de paysans qui travaillaient la terre. La richesse en fruits, légumes, poissons, viandes fait que les Français aiment cuisiner et manger.

Une chose est propre à la cuisine française : à table, les plats se suivent. Cette habitude existe toujours dans les familles. Les Français font deux repas par jour : le déjeuner et le dîner. Voici comment se passe un repas :

Le déjeuner : une entrée (froide ou chaude, parfois un poisson), un plat (viande ou poisson) avec des légumes, une salade verte, du fromage, un dessert (fruits, glaces ou « crèmes »).

Le dîner : le repas est le même, l'entrée est juste remplacée par un potage.

On boit du vin rouge avec la viande et le fromage, du vin blanc avec le poisson. Il faut toujours faire attention à servir le bon vin avec le bon plat. Le fromage aussi est important : dans toutes les familles, à table, il y en a toujours deux ou trois. Certaines régions de France sont connues pour leur bon fromage, comme la Normandie, l'Auvergne, le Dauphiné ou la Savoie.

Dans ce livre, les recettes sont pour 6 personnes. Le lecteur trouvera un lexique nouveau pour lui, celui de la cuisine. Mais la langue utilisée reste très simple. Pour les curieux, les *conseils* et les *remarques* offrent des informations utiles et amusantes, dans un vocabulaire plus riche. En fin d'ouvrage, les « Mots et expressions » présentent les instruments utiles pour la cuisine.

SAUCES

1 AÏOLI

2 jaunes d'œufs. 1 citron. 6 gousses d'ail. 1/2 litre d'huile d'olive. Sel, poivre.

Préparation : 10 minutes - Grand bol, cuillère en bois.

Éplucher les gousses d'ail et les hacher. Ajouter un peu de sel et les 2 jaunes d'œufs. Mélanger. Verser doucement et très lentement l'huile en tournant toujours. Quand l'aïoli est épais, ajouter le jus d'un citron, verser encore de l'huile lentement en tournant 2 ou 3 minutes.

Remarque : la morue à l'aïoli est un plat traditionnel de la Provence. Pour la fête des villages, on organise des « aïolis monstres » avec plusieurs centaines de convives.

2 MAYONNAISE

1 jaune d'œuf. 1 cuillère à soupe de moutarde. 1/2 litre d'huile. 2 cuillères à soupe de vinaigre. Sel, poivre.

Préparation : 10 minutes - Grand bol, cuillère en bois.

Mettre dans un bol 1 jaune d'œuf et la moutarde, bien mélanger pendant 2 minutes. Ajouter très lentement l'huile en tournant sans cesse avec la cuillère en bois. Quand la mayonnaise est épaisse, ajouter le poivre, le sel et le vinaigre.

Conseil : on peut ajouter à la mayonnaise des câpres et des cornichons ou du persil et de la ciboulette hachés. Pour réussir la mayonnaise, sortir l'œuf du frigidaire 2 heures avant de l'utiliser. Plus il y a de moutarde, plus la mayonnaise est facile à réussir, car elle devient bien épaisse. La mayonnaise accompagne les légumes crus et les poissons froids ou la viande froide.

3 VINAIGRETTE

1 petite cuillère de moutarde. 6 cuillères d'huile. 2 cuillères de vinaigre. Sel, poivre.

Préparation : 3 minutes - Bol ou saladier.

Mettre la moutarde dans un bol, verser lentement l'huile en la mélangeant à la moutarde, ajouter le vinaigre, le sel, le poivre. Bien mélanger.

Conseil : la vinaigrette accompagne les salades et les légumes cuits que l'on mange froids. Selon le goût des convives, varier la quantité de moutarde et de vinaigre.

1 éplucher les gousses d'ail

hacher les gousses d'ail

ajouter du sel et les jaunes d'œufs, mélanger

verser lentement l'huile en tournant toujours

4 BÉCHAMEL

60 g de beurre. 2 cuillères à soupe de farine. 3/4 de litre de lait bouillant. Sel.

Préparation : 10 minutes - Cuisson : 15 minutes - Casserole, cuillère en bois.

Mettre le beurre dans une casserole, le faire cuire à feu très lent, ajouter la farine, mélanger avec une cuillère pendant 2 minutes. Ajouter lentement le lait et tourner avec la cuillère en bois pour avoir une sauce un peu épaisse. Saler.

Remarque : Béchamel était le nom d'un marquis, maître d'hôtel de Louis XIV. Son cuisinier inventa cette sauce pour les repas de fête du Roi-Soleil.
Conseil : on ajoute 50 g de gruyère râpé à la sauce, et c'est une béchamel au fromage.

5 BEURRE NOIR

100 g de beurre. 2 cuillères à soupe de vinaigre.

Préparation : 5 minutes - Cuisson : 5 minutes - Poêle, plat creux.

Mettre le beurre dans la poêle, le faire cuire environ 3 minutes. Verser le beurre dans le plat. Mettre le vinaigre dans la poêle chaude, hors du feu, tourner 2 minutes et le verser sur le beurre.

Remarque : cette sauce accompagne les poissons (cf. la raie, n° 77).

6 SAUCE BLANCHE

2 cuillères à soupe de farine. 60 g de beurre. 1/2 litre d'eau chaude. Sel, poivre.

Préparation : 10 minutes - Cuisson : 15 minutes - Casserole, cuillère en bois.

Mettre le beurre dans la casserole, le faire cuire à feu doux 1 minute ; ajouter la farine et tourner 2 minutes. Verser lentement l'eau chaude en tournant 15 minutes avec une cuillère en bois. Saler et poivrer.

Remarque : la sauce blanche est une béchamel sans lait. Dans cette sauce, on peut remplacer l'eau par du vin blanc, du bouillon ou de la bière pour accompagner les viandes.

ENTRÉES FROIDES

7 HARENGS – POMMES DE TERRE À L'HUILE

6 filets de harengs. 6 pommes de terre cuites à l'eau. 3 oignons. 1 carotte. Thym, persil. Vinaigrette (n° 3).

Préparation : 15 minutes - Cuisson : 30 minutes, et 1 nuit au repos - Casserole, bol, saladier.

Placer les filets de hareng dans un bol. Les couvrir d'huile. Ajouter de l'oignon, des rondelles de carottes, du thym. Laisser 12 heures dans l'huile. Faire cuire les pommes de terre dans de l'eau salée. Les éplucher. Les couper en rondelles dans un saladier. Ajouter les oignons coupés fin et le persil. Faire une vinaigrette. Mélanger la sauce et les pommes de terre. Servir les harengs avec la salade de pommes de terre tiède.

Conseil : à servir avec du vin blanc sec et frais.

8 ŒUFS MIMOSA

6 œufs durs. 1 jaune d'œuf. Persil haché. Mayonnaise (n° 2).

Préparation : 20 minutes - Cuisson : 10 minutes - Casserole, plat, un petit bol.

Faire bouillir les œufs 10 minutes. Enlever la coquille. Couper les œufs en deux, enlever le jaune. Mettre les blancs d'œufs sur un plat, les remplir avec les jaunes écrasés mélangés à la mayonnaise. Ajouter un peu de persil haché.

Remarque : en petits morceaux le jaune d'œuf cuit ressemble à la fleur appelée mimosa.

9 PÂTÉ DE FOIES DE VOLAILLE

500 g de foies de volaille. 200 g de beurre. Ail, laurier, échalote, sel, poivre. Vin rouge ou un verre d'alcool (cognac, whisky) additionné d'eau.

Préparation : 30 minutes - Cuisson : 2 h 30 et 1 nuit au repos - Poêle, saladier, petit plat à four, grand plat à four, mixeur.

Mettre les foies dans un saladier. Recouvrir de vin rouge. Ajouter le laurier. Laisser toute la nuit au repos. Égoutter. Garder le vin. Faire cuire rapidement les foies dans une poêle. Hacher les foies, les mélanger avec le beurre, l'ail, l'échalote (mixeur). Ajouter le vin. Saler, poivrer. Mettre dans un petit plat allant au four. Couvrir avec un papier d'aluminium. Mettre le petit plat dans un plat plus grand avec de l'eau (bain-marie). Mettre à four moyen pendant 2 h 30.

10 ASPERGES À LA VINAIGRETTE
(pays de Loire)

Même préparation : artichauts, poireaux.

2,5 kg d'asperges. Sel. Vinaigrette (n° 3).

Préparation : 30 minutes – Cuisson : 30 minutes – Casserole, bol, plat.

Faire bouillir 3 litres d'eau salée. Éplucher la partie blanche des asperges, couper les queues, les laver. Mettre les asperges dans l'eau bouillante pendant 30 minutes.
Dans un bol, préparer une vinaigrette. Retirer les asperges de l'eau. Égoutter. Les mettre sur un plat et servir tiède.

Conseil : pour manger les asperges, on met son couteau sous l'assiette. On met la vinaigrette dans le bas de l'assiette. On trempe les asperges dans la vinaigrette et on mange avec les doigts ! On peut aussi servir avec une sauce mayonnaise (n° 2) ou une sauce blanche (n° 6).
Langue : Attention ! une grande asperge dans son assiette, c'est bien. Être appelé « grande asperge », ce n'est pas bon (personne lente et un peu bête) !

11 AUBERGINES EN CAVIAR (Provence)

6 grosses aubergines. 1 citron. 4 cuillères à soupe d'huile (d'olive). 3 gousses d'ail. Pain grillé. Sel, poivre.

Préparation : 15 minutes – Cuisson : 30 minutes – Saladier, plat à four.

Laver les aubergines et les couper en deux. Les mettre dans le four pendant 30 minutes. Laisser refroidir. Enlever la peau. Dans un saladier, écraser les gousses d'ail épluchées et les aubergines. Mélanger avec le jus de citron, le sel, le poivre et l'huile d'olive. Servir sur des tranches de pain grillé.

Conseil : pour la présentation, ajouter une olive noire, une rondelle de tomate ou une feuille de persil...

12 AVOCAT AUX CREVETTES

3 avocat bien mûrs. 3 citrons. 200 g de crevettes épluchées. Poivre, Vinaigrette (n° 3).

Préparation : 10 minutes – Plat, bol.

Couper les avocats en deux. Retirer le noyau. Verser sur chaque moitié le jus d'une moitié de citron. Poivrer. Faire une vinaigrette. Mélanger les crevettes et la vinaigrette. Mettre le tout dans les avocats.

13 MELON EN MACÉDOINE
   (Provence)

3 melons bien mûrs. 2 poires. 500 g de fraises. 2 pêches. Feuilles de menthe.

Préparation : 10 minutes – Plat.

Couper chaque melon en deux. Enlever les graines. Enlever ensuite la partie à manger. Couper en morceaux. Éplucher les poires et les pêches. Laver les fraises. Couper tous les fruits en morceaux. Les mettre dans chaque moitié vide de melon. Ajouter une feuille de menthe pour la présentation. Cette recette peut aussi se servir en dessert.

Conseil : le melon, coupé en deux, pépins enlevés, peut être servi avec du porto dans la partie creuse, et des figues ou des tranches de jambon cru, à la mode italienne.
Remarque : Cavaillon, petite ville de Provence, est la capitale française du melon. Dans toute la France on mange le melon au début du repas, sauf en Provence où c'est un dessert.

14 SALADE DU BOUCHER

500 g de bœuf bouilli froid (restes de pot-au-feu, n° 42). 6 pommes de terre cuites à l'eau. 4 oignons blancs. 6 cornichons au vinaigre. 70 g d'olives noires. Persil. Vinaigrette (n° 3).

Préparation : 15 minutes – Saladier.

Couper la viande en petits morceaux. Peler les oignons, les couper en rondelles fines. Couper en rondelles les cornichons, les olives et les pommes de terre cuites à l'eau. Mettre tout le mélange dans un saladier. Ajouter le persil. Faire une vinaigrette et la verser sur la salade du boucher. Mélanger doucement avant de servir.

Conseil : à cette salade on peut ajouter des œufs durs.
Information : ce plat est assez nourrissant, il peut servir de plat principal. Il sert à utiliser les restes.

15 SALADE DE CHAMPIGNONS

300 g de champignons blancs. Persil et thym. Vinaigrette (n° 3). 1 citron. 1 verre de vin blanc ou de bière.

Préparation : 10 minutes – Saladier.

Dans un saladier, faire une vinaigrette en y ajoutant le jus d'un citron et 1 verre de vin blanc ou de bière.
Enlever les pieds des champignons ; laver les champignons, puis les couper en fines tranches. Les mettre dans la sauce, ajouter le persil haché et le thym. Mélanger.

16 SALADE AU CHÈVRE CHAUD

1 grosse salade verte. 3 petits fromages de chèvre. Croûtons de pain. Vinaigrette (n° 3).

Préparation : 15 minutes - Cuisson : 10 minutes - Poêle, saladier.

Dans une poêle, faire cuire dans l'huile les croûtons de pain. Laver la salade. La couper en petits morceaux. Faire une vinaigrette et la mélanger avec la salade et les croûtons.
Placer les fromages 10 minutes dans un four chaud sur un papier d'aluminium. Disposer la salade dans chaque assiette, mettre dessus la moitié d'un fromage chaud.

Conseil : si on n'a pas de four, on peut mettre chaque fromage dans un papier d'aluminium et le plonger 10 minutes dans de l'eau bouillante.

17 SALADE D'ENDIVES

Même préparation : chou blanc.

6 endives. 3 pommes crues. 25 noix. Vinaigrette (n° 3).

Préparation : 15 minutes - Saladier.

Laver les endives. Les couper en petits morceaux. Éplucher les pommes, les couper en morceaux. Ajouter les noix. Faire une vinaigrette. Mélanger le tout dans un saladier.

Langue : on appelle cette entrée salade d'hiver. On la mange quand les pommes et les noix sont mûres et que les endives arrivent sur les marchés.
Conseil : on peut mélanger du fromage (bleu ou roquefort) à la sauce. Recette plus chic !

18 SALADE FOLLE

1 salade verte. 2 avocats. 300 g de haricots verts cuits. 200 g de foie gras ou de magret de canard fumé. Vinaigrette (n° 3).

Préparation : 15 minutes - Saladier.

Préparer une salade verte coupée en morceaux. Ajouter des morceaux d'avocats et de haricots verts. Mélanger le tout dans la vinaigrette. Placer une partie de ce mélange sur chaque assiette. Poser sur la salade une tranche de foie gras ou des morceaux de magret de canard fumé.

Remarque : plat cher et chic. À servir dans les grandes occasions.

19 SALADE FRISÉE AUX LARDONS

Même préparation : pissenlits.

1 grosse salade frisée. 300 g de lard maigre. Vinaigrette (n° 3). 26 croûtons de pain grillé. Sel, poivre, ail.

7
couper les pommes de terre en rondelles

10
égoutter les asperges

12
avocat aux crevettes

12
verser le jus d'une moitié de citron

13
enlever les graines du melon

13
couper les poires, les pêches, les fraises en morceaux

13
mettre les morceaux dans chaque moitié vide du melon

Préparation : 20 minutes – Cuisson : 5 minutes. Poêle, saladier.

Couper le lard en fins morceaux et les mettre dans une poêle. Les faire cuire à feu moyen 5 minutes en les retournant.

Faire une vinaigrette dans un saladier, ajouter la salade épluchée et lavée, les croûtons frottés d'ail et le lard cuit. Mélanger.

Conseil : à Paris, on ajoute souvent un œuf poché (cassé dans l'eau bouillante et cuit 3 minutes) tiède sur la salade dans chaque assiette.

20 SALADE DE LENTILLES

Même préparation : haricots blancs, pois chiches.

500 g de lentilles. 3 oignons blancs. 1 gros oignon. 1 carotte. Thym, laurier, persil, ciboulette. Vinaigrette (n° 3). Sel, poivre.

Préparation : 15 minutes – Cuisson : 1 heure – Casserole, saladier.

Mettre dans une casserole la carotte, le gros oignon, le thym, le laurier et les lentilles. Couvrir d'eau et faire cuire doucement 1 heure ; ajouter sel et poivre.

Dans un saladier, faire une vinaigrette. Mettre les lentilles cuites ; ajouter le persil, la ciboulette et les oignons blancs hachés ; mélanger.

Remarque : plat sain ; on dit que les lentilles sont bonnes pour la santé.

21 SALADE PANACHÉE

6 tomates. 1 concombre. Persil. Vinaigrette (n° 3).

Préparation : 10 minutes – Saladier, assiette.

Couper les tomates et le concombre en fines tranches après les avoir lavés. Sur une assiette, mettre 1 ligne de tomates, 1 ligne de concombre. Couvrir de vinaigrette et de persil haché.

Conseil : dans les grands restaurants, les tomates sont d'abord épluchées (en les trempant 2 minutes. dans l'eau bouillante) et le concombre a « dégorgé », c'est-à-dire qu'il a perdu son eau en reposant pendant 30 minutes avec un peu de sel. C'est meilleur au goût et plus digeste.

14
des cornichons
au vinaigre
et des olives noires

15
enlever les pieds des champignons

17
des endives et des noix

18
une salade verte
et des haricots verts

19
une salade frisée

19
frotter l'ail
sur les croûtons

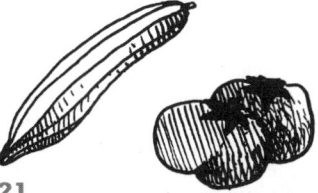

21
le concombre et les tomates

ENTRÉES CHAUDES

22 BEIGNETS D'AUBERGINES
(Provence)

Même préparation : fonds d'artichauts, courgettes.

5 aubergines. Pâte à frire (3 œufs, 80 g de farine, 3 cuillères à soupe d'huile, sel, poivre). 6 cuillères à soupe d'huile. Sel.

Préparation : 15 minutes - Cuisson : 10 minutes - Plat, saladier, poêle.

Éplucher les aubergines et les couper en rondelles. Les mettre dans un plat avec du sel. Laisser reposer 10 minutes. Essuyer les aubergines.
Préparer la pâte à frire. Dans un saladier, battre les œufs, les mélanger lentement à la farine. Ajouter l'huile doucement et en tournant sans cesse. Mettre 1 pincée de sel.
Dans une poêle, faire chauffer l'huile. Plonger les tranches d'aubergine dans la pâte, puis les mettre dans la poêle. Les faire cuire 10 minutes.

23 FLAMICHE AUX POIREAUX
(nord de la France)

500 g de pâte feuilletée surgelée. 1,5 kg de poireaux. 3 œufs (1 entier et 2 jaunes). 150 g de crème fraîche. 40 g de beurre. Sel, poivre. Un peu de farine.

Préparation : 50 minutes - Cuisson : 50 minutes (20 minutes les poireaux, 30 minutes la pâte) - Grande casserole, poêle, planche, rouleau, moule à tarte.

Faire bouillir 2 litres d'eau dans la casserole. Couper en deux les poireaux dans le sens de la longueur, les laver, les couper encore en morceaux. Mettre les poireaux à cuire dans l'eau chaude salée pendant 15 minutes.
Allumer le four. Faire fondre le beurre dans la poêle. Ajouter les poireaux cuits et bien égouttés, le sel et le poivre, cuire 5 minutes. Enlever du feu, ajouter la crème, 1 œuf entier et 1 jaune.
Étendre la pâte, la partager en deux (1 grand morceau et 1 petit). Beurrer le moule. Mettre le grand morceau de pâte dans le moule, mettre les poireaux dessus, puis le second morceau de pâte, coller les bords avec un peu d'eau. Battre l'autre jaune d'œuf et l'étendre sur la pâte. Mettre au four pendant 30 minutes.

Conseil : pour la présentation, faire des traits ou des dessins sur la pâte avec un couteau.

22

cinq aubergines

dans une poêle,
faire chauffer l'huile

plonger les tranches
d'aubergines dans la pâte

mettre les tranches
d'aubergines dans la poêle

23

étendre la pâte

partager la pâte en deux
(1 grand morceau
et 1 petit)

beurrer le moule

mettre le grand morceau
dans le moule

mettre les poireaux dessus

mettre par-dessus
le second morceau de pâte
et coller les bords

24 LANGOUSTE THERMIDOR

3 langoustes vivantes. 1 litre d'eau bouillante salée. Sauce béchamel (n° 4) avec du gruyère râpé. 1 verre de vin blanc.

Préparation : 15 minutes - Cuisson : 25 minutes - Casserole, plat à four.

Mettre les langoustes dans l'eau bouillante salée. Cuire 15 minutes. Enlever les langoustes. Les couper en deux. Mettre les morceaux dans un plat à four, couvrir de sauce béchamel en y ajoutant le gruyère et le verre de vin blanc. Mettre au four 10 minutes.

Remarque : thermidor est le mois le plus chaud de l'année dans le calendrier républicain de 1792.

25 MOULES MARINIÈRES (Bretagne)

2 kg de moules. 3 oignons. 4 échalotes. 2 gousses d'ail. 3 verres de vin blanc sec. 50 g de beurre. Persil, sel, poivre.

Préparation : 30 minutes - Cuisson : 10 minutes - Casserole.

Laver les moules à grande eau.
Dans une casserole, mettre oignons, ail, persil, échalotes épluchés et hachés. Ajouter le vin blanc, le sel et le poivre. Faire bouillir 5 minutes. Mettre les moules dans la casserole, couvrir, cuire à feu fort. Remuer. Arrêter dès que les moules s'ouvrent.

Conseil : pour faire des moules à la crème, ajouter de la crème dans une partie du jus de cuisson.
Langue : d'une personne lente et endormie, on dit « quelle moule ! ».

26 PIPERADE (Pays basque)

6 œufs. 500 g de tomates. 2 poivrons verts. Sel, poivre, huile.

Préparation : 10 minutes - Cuisson : 25 minutes - Poêle, bol.

Mettre un peu d'huile dans une poêle. Faire cuire lentement les tomates et les poivrons coupés en morceaux. Saler, poivrer. Cuire 20 minutes. Casser les œufs dans un bol, les mélanger à la fourchette et les verser dans la poêle, cuire 5 minutes en tournant la piperade.

Conseil : il est bien d'enlever la peau des tomates (les mettre 2 minutes dans de l'eau bouillante) et celle des poivrons (20 minutes à four très chaud, on enlève ensuite la peau noire avec un couteau).

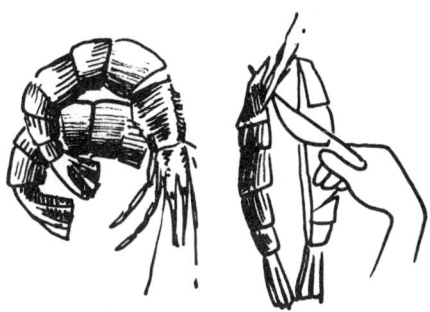

24
couper les langoustes en deux

25
**3 litres de moules,
3 oignons, 4 échalotes,
2 gousses d'ail**

26
2 poivrons verts

27 PISSALADIÈRE (Provence)

350 g de pâte brisée (n° 111). 4 cuillères à soupe d'huile. 1 kg d'oignons. 30 petites olives noires. 11 anchois. 40 g de beurre. Poivre.

Préparation : 30 minutes – Cuisson : 30 minutes – Planche en bois, rouleau, casserole, poêle, moule à tarte.

Faire une pâte brisée, la travailler à la main.
Dessaler les filets d'anchois (on enlève le sel en les laissant 2 heures dans une casserole d'eau froide), puis les laver.
Éplucher les oignons, les couper en morceaux. Dans une poêle, cuire les oignons 5 minutes dans l'huile, poivrer.
Chauffer le four. Étendre la pâte dans le moule beurré, y mettre les filets d'anchois et les oignons. Faire cuire 25 minutes dans le four. Ajouter les olives. C'est la pizza de la Provence.

Conseil : servir avec du vin rosé bien frais.

28 QUICHE LORRAINE (est de la France)

350 g de pâte brisée (n° 110). 250 g de lard fumé. 3 œufs. 250 g de crème fraîche. 40 g de beurre. Sel, poivre. Un peu de farine.

Préparation : 20 minutes - Cuisson : 35 minutes - Planche en bois, rouleau, moule à tarte, poêle, grand bol.

Allumer le four. Beurrer le moule à tarte. Travailler la pâte avec les mains, l'étendre et la mettre dans le moule. Couper le lard en petits morceaux, le faire cuire 5 minutes dans la poêle. Mettre le lard cuit dans un grand bol, ajouter les œufs, la crème, le sel et le poivre. Mettre ce mélange sur la tarte. Faire cuire 30 minutes dans le four.

Conseil : on peut faire la même préparation en mettant des morceaux de saumon cuit à la place du lard.

29 SOUFFLÉ AU FROMAGE

Sauce béchamel (n° 4). 5 œufs. 125 g de gruyère râpé. 30 g de beurre. Sel, poivre.

Préparation : 25 minutes - Cuisson : 45 minutes - Casserole, plat à four assez haut, cuillère en bois, batteur.

Faire une sauce béchamel épaisse. Ajouter le gruyère râpé. Laisser refroidir. Ajouter 4 jaunes d'œufs et 5 blancs d'œufs battus avec le batteur. Saler et poivrer. Mettre le mélange dans un plat beurré. Le mettre à four moyen puis chaud pendant 45 minutes.

Conseil : attention ! le soufflé monte, il faut le manger quand il est gros, après il retombe. Il n'attend pas !

30 TOMATES FARCIES (Midi de la France)

Même préparation : aubergines, courgettes, choux cuits, poivrons, pommes de terre.

12 grosses tomates. 300 g de farce de viande ou de chair à saucisse. 1 pomme de terre cuite. 1 oignon. 1 gousse d'ail. 1 œuf entier. Persil, sel, poivre.

Préparation : 30 minutes - Cuisson : 30 minutes - Saladier, plat à four.

Couper les tomates en deux, enlever jus et graines. Mettre une goutte d'huile dans chaque tomate. Hacher un reste de viande ou de la chair à saucisse et 1 oignon, 1 gousse d'ail, la pomme de terre cuite, le persil, l'œuf entier, sel, poivre. Mélanger la farce. Remplir les tomates de cette farce. Mettre les tomates dans un plat à four, ajouter un peu de beurre. Cuire 30 minutes à four moyen.

Langue : en Provence, on appelle la tomate la « pomme d'amour ». Autrefois, pour montrer son amour, le fiancé offrait souvent une tomate à sa belle.

31 SOUPE À L'AIL (Midi de la France)

8 gousses d'ail. 2 cuillères à soupe d'huile d'olive. 6 feuilles de sauge. 1 feuille de laurier. Sel, poivre, pain rassis.

Préparation : 5 minutes - Cuisson : 15 minutes - Casserole, soupière.

Mettre dans une casserole 1 litre 1/2 d'eau, avec l'huile, le sel, le poivre, l'ail épluché, la sauge, le laurier. Faire bouillir 15 minutes. Enlever sauge, laurier et gousses d'ail. Couper de fines tranches de pain rassis. Les mettre dans la soupière et y verser le bouillon.

Conseil : cette soupe se mange souvent après de très gros repas. On dit que « cette eau bouillie sauve la vie » !

32 SOUPE AU LAIT

50 g de beurre. 125 g de vermicelle ou petites pâtes. 1/2 litre de lait. 2 œufs. 150 g de gruyère râpé. Blanc de 2 poireaux. Sel, poivre.

Préparation : 10 minutes - Cuisson : 25 minutes - 2 casseroles, soupière, cuillère en bois.

Verser le lait dans une casserole et le faire bouillir. Hacher les 2 blancs de poireaux. Faire cuire 20 g de beurre dans une casserole, ajouter les poireaux et les cuire à feu doux 20 minutes. Verser le lait bouillant en tournant avec une cuillère en bois. Ajouter le vermicelle et faire cuire quelques minutes.
Battre les œufs, les mettre dans la soupe en mélangeant encore. Saler et poivrer.
Verser la soupe dans une soupière, mettre le gruyère râpé et le reste de beurre.

Langue : « être soupe au lait » se dit d'une personne qui est tantôt de bonne humeur, tantôt de mauvaise humeur.

33 SOUPE DE LÉGUMES

4 pommes de terre. 6 carottes. 5 poireaux. 1 courgette ou 3 navets. 1 oignon. Beurre ou crème fraîche. Sel, poivre.

Préparation : 30 minutes - Cuisson : 45 minutes - Casserole, mixeur, soupière.

Laver et éplucher les légumes, les couper en morceaux. Les mettre dans une grande casserole et les recouvrir d'eau. Faire cuire 45 minutes. Mixer les légumes. Verser dans une soupière, ajouter un peu de bouillon de cuisson et un peu de beurre ou de crème fraîche, du sel, du poivre.

Conseil : on peut ajouter 1 carotte crue râpée, de l'oignon cru haché et du persil. Le mélange cru et cuit est savoureux.

34 SOUPE À L'OIGNON GRATINÉE (Paris)

12 oignons. 200 g de gruyère râpé. 50 g de beurre. 3 cuillères à soupe de farine. 6 tranches de pain. 1/2 litre d'eau. Sel, poivre.

Préparation : 20 minutes - Cuisson : 50 minutes - Cocotte, plat à four à bords hauts.

Peler et couper les oignons en morceaux, les mettre dans une cocotte avec le beurre et faire cuire à feu lent. Verser lentement la farine sur les oignons et mélanger. Ajouter 1/2 litre d'eau, le sel, le poivre. Faire bouillir 10 minutes.
Faire griller des tranches de pain. Prendre le plat à four, y mettre des tranches de pain, un peu de gruyère râpé et verser la soupe d'oignons. Couvrir de gruyère râpé et mettre au four. Laisser gratiner (prendre une couleur dorée) 30 minutes.

Remarque : à Paris, après le spectacle, à minuit, il était chic d'aller manger une gratinée aux Halles. Aujourd'hui, le marché des Halles a quitté le centre de Paris, mais on peut toujours manger une gratinée vers minuit dans ce quartier.

35 SOUPE DE POISSON OU BOUILLABAISSE (Provence)

1 kg de poisson (merlan, colin, dorade, rouget...). 150 g de tomates. 3 oignons. 3 gousses d'ail. 1 verre de vin blanc. 3 cuillères d'huile d'olive. Laurier, clous de girofle. 6 tranches de pain. Sel, poivre.

Préparation : 25 minutes - Cuisson : 45 minutes - Casserole, bol.

Vider et laver les poissons, enlever les peaux. Les couper en morceaux. Les mettre dans la casserole avec le vin blanc et 2 litres d'eau froide. Ajouter les tomates coupées en morceaux, les oignons, le laurier, les clous de girofle. Saler, poivrer. Faire

33
1 courgette et trois navets

34
gruyère rapé (à l'aide d'une râpe)

bouillir. Dans un bol, écraser l'ail, mélanger avec de l'huile d'olive. Verser ce mélange dans le bouillon. Cuire 15 minutes. Placer une tranche de pain grillé dans chaque assiette, couvrir avec un morceau de poisson et le bouillon. Manger tout ensemble.

Langue : à Marseille, cette soupe faite avec des poissons de la Méditerranée s'appelle «bouillabaisse». Si vous utilisez seulement les têtes de poisson passées au mixeur et mélangées à la crème avec des pommes de terre écrasées, on ne dit pas «soupe de poisson», mais «soupe aux poissons».

36 SOUPE DE TOMATES

700 g de tomates. 50 g de beurre. 3 cuillères à soupe de farine. 1 litre de lait ou 125 g de crème fraîche. Sel, poivre.

Préparation : 15 minutes - Cuisson : 30 minutes - Casserole, cuillère en bois, soupière, grand bol, mixeur.

Ébouillanter les tomates (les plonger 2 minutes dans de l'eau bouillante), retirer la peau, les écraser en purée à la fourchette ou au mixeur. Faire fondre le beurre dans la casserole, verser la farine lentement en tournant avec la cuillère en bois. Après quelques minutes, ajouter la purée de tomates, tourner encore quelques minutes. Verser lentement le lait. Saler et poivrer. Cuire lentement 20 minutes.

Conseil : en hiver, on peut utiliser pour ce plat des tomates en boîte ; c'est aussi bon et plus rapide !

PLATS PRINCIPAUX

BŒUF

37 BIFTECK MARCHAND DE VIN

1 bifteck de 150 g par personne. 100 g de beurre. 9 échalotes. 1/2 litre de vin blanc. Sel, poivre.

Préparation : 10 minutes - Cuisson : 30 minutes - 2 poêles, plat.

Éplucher et hacher les échalotes. Les faire cuire doucement dans le beurre. Ajouter le vin blanc. Faire cuire 20 minutes en tournant. Dans une autre poêle, cuire rapidement la viande de chaque côté. La placer dans un plat. Saler, poivrer. Couvrir avec la sauce à l'échalote.

Conseil : finir la bouteille de vin blanc en mangeant. Servir avec des pommes de terre frites (n° 93).

38 BIFTECK AU POIVRE

1 bifteck de 150 g par personne. 1 cuillère à soupe d'huile. 2 cuillères à soupe d'alcool (cognac, whisky). Poivre en grains. 3 cuillères à soupe de crème fraîche. Sel, poivre.

Préparation : 5 minutes - Cuisson : 10 minutes - Poêle, plat.

Mettre du poivre en grains sur les biftecks. Les faire cuire dans l'huile. En fin de cuisson verser 2 cuillères à soupe de cognac ou de whisky. Mettre le feu à l'alcool avec une allumette. Placer les biftecks sur un plat chaud. Mettre trois cuillères à soupe de crème fraîche dans la poêle encore chaude, mélanger, ajouter un peu de poivre. Verser sur les biftecks, saler.

Remarque : on dit que ce plat délicieux donne des sentiments amoureux...

38

**verser deux cuillères
à soupe de cognac**

**mettre le feu à l'alcool
avec une allumette**

39 BŒUF BOURGUIGNON (Bourgogne)

1,2 kg de bœuf coupé en morceaux. 100 g de lard fumé. 3 oignons. Thym, laurier. 50 g de beurre. 2 cuillères à soupe d'huile. 2 cuillères à soupe de farine. 1/2 litre de vin rouge.

Préparation : 10 minutes – Cuisson : 2 h 40 – Cocotte, poêle.

Couper le lard en petits morceaux, mettre le beurre dans la poêle et y faire cuire les oignons épluchés et coupés en rondelles et le lard. Mettre l'huile dans une cocotte. Faire cuire quelques minutes la viande à feu fort, ajouter la farine. Tourner, ajouter 2 verres d'eau chaude, cuire 2 minutes. Verser dans la cocotte le vin rouge, le thym, le laurier, le lard et les oignons. Faire cuire 2 h 1/2.

Conseil : servir avec des pommes de terre cuite à l'eau ou à la vapeur, que l'on écrase dans la sauce. Un régal !

40 BŒUF MIROTON (Paris)

1 kg de bœuf cuit (restes de pot-au-feu). 3 oignons. 3 tomates épluchées. Huile, sel, poivre.

Préparation : 10 minutes – Cuisson : 25 minutes – Poêle.

Faire cuire les oignons épluchés et coupés en rondelles dans une poêle avec un peu d'huile à feu moyen. Ajouter les tomates en morceaux. Laisser cuire lentement 5 minutes. Ajouter le bœuf cuit coupé en petits morceaux. Laisser cuire doucement 20 minutes.

41 HACHIS PARMENTIER

Viande hachée ou reste de viande (150 g par personne). 1 kg de pommes de terre ou purée en sachet. 3 oignons. Biscottes écrasées (100 g). 30 g de beurre. 2 cuillères à soupe d'huile. 1/2 litre de lait. Persil, sel, poivre.

Préparation : 40 minutes – Cuisson : 40 minutes – Casserole, plat à four, mixeur.

Cuire les pommes de terre dans de l'eau bouillante, 20 minutes. Les écraser au mixeur, puis verser peu à peu 1/4 de litre de lait. Saler, poivrer. La purée est prête. Mettre de l'huile dans une poêle et faire cuire les oignons épluchés et coupés en rondelles, puis la viande hachée ; tourner le mélange, saler, poivrer et couvrir de persil haché. Mettre la moitié de la purée dans un plat à four beurré, couvrir avec le mélange de viande hachée, couvrir encore avec l'autre moitié de purée. Ajouter les biscottes écrasées et des petits morceaux de beurre. Mettre 20 minutes à four très chaud. Servir avec une salade verte.

Remarque : Parmentier a été le premier à faire manger des pommes de terre aux Français à la fin du XVIIIe siècle.

42 POT-AU-FEU

1,5 kg de bœuf à faire bouillir. 1 os à moelle. 500 g de carottes. 300 g de navets. 500 g de poireaux. 6 pommes de terre. 1 oignon, 7 clous de girofle. Persil, thym, laurier. Sel, poivre, moutarde, gros sel, cornichons.

Préparation : 25 minutes – Cuisson : 3 h 1/2 – Marmite, plat, soupière.

Mettre dans une marmite 3 litres d'eau froide salée, y mettre la viande, l'oignon piqué de 7 clous de girofle, le persil, le thym et le laurier. Ajouter les légumes lavés, épluchés et coupés, couvrir la marmite et faire cuire à feu doux 3 heures.
Mettre alors les pommes de terre épluchées et l'os à moelle dans un papier d'aluminium. Faire cuire encore 1/2 heure.
Servir la viande et l'os à moelle dans un grand plat entourés des légumes avec de la moutarde, du gros sel et des cornichons. Mettre le bouillon dans une soupière.

Langue : à la campagne, dans le sud-ouest de la France, quand le bouillon est presque fini, on verse du vin rouge dans l'assiette chaude. Cela s'appelle « faire chabrol ou chabrot ».

42

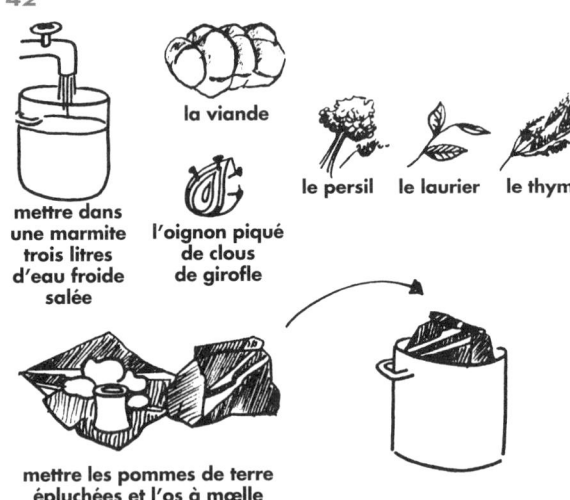

43 BLANQUETTE DE VEAU

1,2 kg de viande en morceaux. 1 oignon, 4 clous de girofle. 2 carottes. 2 gousses d'ail. 30 g de beurre. 2 jaunes d'œufs. 3 cuillères de crème fraîche. 1 citron. Sel, poivre.

Préparation : 10 minutes - Cuisson : 1 h 1/4 - Cocotte, assiette, soupière.

Mettre la viande dans une cocotte, la couvrir d'eau. Faire bouillir, ajouter l'oignon piqué de 4 clous de girofle, les 2 carottes, les 2 gousses d'ail. Saler et poivrer. Faire cuire 45 minutes. Sortir la viande sur une assiette ; garder le bouillon dans une soupière. Mettre dans la cocotte un peu de beurre, remettre la viande, ajouter un peu de farine, tourner. Ajouter le bouillon. Cuire 30 minutes à feu lent. Arrêter la cuisson, ajouter les 2 jaunes d'œufs mélangés à la crème fraîche et au jus de citron. Servir avec du riz.

Langue : Blanquette, le savez-vous, c'est le nom de la chèvre de M. Seguin dans les *Lettres de mon moulin* d'Alphonse Daudet...

44 CÔTELETTES À LA CRÈME
(Normandie)

6 côtelettes ou escalopes de veau (de 125 g chacune). 2 oignons. 1 verre de lait. 1 œuf. 3 cuillères à soupe de crème fraîche. 1 citron. Sel.

Préparation : 5 minutes - Cuisson : 15 minutes - Poêle, bol.

Mettre un peu d'huile dans une poêle, attendre que la poêle soit chaude et cuire la viande des deux côtés. Ajouter 1 oignon haché, le laisser cuire doucement, puis ajouter 1 jus de citron. Cuire 2 minutes.
Dans un bol, mettre un verre de lait, 3 cuillères à soupe de crème fraîche, un jaune d'œuf et du sel, mélanger. Verser le mélange sur le veau. Laisser cuire 1 ou 2 minutes.

Conseil : servir avec des petites pommes de terre cuites dans le beurre pour être vraiment normand !

45 ESCALOPES AUX CHAMPIGNONS

6 escalopes de veau (150 g par personne). 30 g de beurre. Sauce blanche (n° 6). 100 g de crème. 150 g de champignons épluchés et lavés. 50 g de gruyère râpé. Sel.

Préparation : 10 minutes - Cuisson : 30 minutes - Poêle, plat à four, casserole.

Faire cuire les escalopes dans la poêle à feu moyen avec un peu de beurre et du sel. Dans une casserole faire une sauce blanche. Y ajouter les champignons épluchés et lavés. Ajouter ensuite la crème fraîche. Mélanger. Placer les escalopes dans un plat à four. Les couvrir avec la sauce. Couvrir de gruyère râpé. Mettre 10 minutes dans le four chaud.

Langue : quand il y a des champignons dans un plat, on dit souvent que la préparation est « forestière ». Ici, vous servez des escalopes forestières. Les escalopes, ce sont des « steaks » de veau.

46 ESCALOPES PANÉES AU GRUYÈRE
(est de la France)

6 escalopes de veau. 3 biscottes écrasées. 1 cuillère à soupe d'huile. 2 œufs. 50 g de gruyère râpé. 2 cuillères à soupe de farine. Sel.

Préparation : 5 minutes — Cuisson : 10 minutes - Poêle, bol, assiette.

Mettre la farine dans l'assiette. Passer les deux côtés des escalopes dans la farine. Dans un bol, mélanger 2 jaunes d'œufs et le gruyère râpé, les biscottes écrasées. Saler légèrement. Couvrir la viande de ce mélange sur les 2 côtés. Dans la poêle, mettre 1 cuillère d'huile, attendre qu'elle soit chaude et y mettre la viande. La faire cuire à feu moyen.

Langue : les escalopes panées, c'est bon ! « Être dans la panade » (soupe au pain) c'est mauvais, car cela veut dire « être tombé dans la misère » !

47 RÔTI DE VEAU À LA CASSEROLE

1 kg de rôti de veau entouré de lard. 1 cuillère d'huile. 3 oignons. 500 g de carottes. 1 gousse d'ail. 1 feuille de laurier. 2 verres de vin blanc ou de bière. Sel.

Préparation : 10 minutes - Cuisson : 1 h 1/2 - Cocotte ou casserole.

Mettre l'huile dans la cocotte. Quand elle est chaude, mettre le rôti, le retourner plusieurs fois. Mettre les oignons hachés et les carottes coupées en rondelles. Couvrir la cocotte et laisser cuire à feu moyen 10 minutes, puis verser le vin blanc ou la bière. Ajouter 1 gousse d'ail, 1 feuille de laurier. Saler. Cuire lentement 1 h 20. Au moment de servir, retirer la feuille de laurier.

Conseil : servir avec des macaronis ou de la purée de pommes de terre.

48 SAUTÉ DE VEAU MARENGO

1 kg de veau en morceaux. 5 oignons. 2 gousses d'ail. 5 tomates épluchées. Persil, thym, cerfeuil. 1 verre de vin blanc. 300 g de champignons blancs. 60 g de beurre. 2 cuillères à soupe de farine. Sel, poivre.

Préparation : 10 minutes - Cuisson : 1 h 1/2 - Cocotte, poêle.

Mettre l'huile et 30 g de beurre dans une cocotte. Y faire cuire les morceaux de viande à feu moyen. Mettre les oignons coupés en rondelles. Tourner. Ajouter de la farine, bien mélanger. Ajouter les tomates coupées en petits morceaux, l'ail, le persil, le cerfeuil, le thym et le vin blanc. Saler et poivrer. Cuire 1 heure.

Dans une poêle, cuire les champignons blancs dans 30 g de beurre, les mettre dans la cocotte. Faire cuire encore 20 minutes à feu doux. Servir avec des pommes de terre cuites à l'eau.

Remarque : Marengo, ville italienne (le pays des tomates), est célèbre en France pour la victoire de Bonaparte sur les Autrichiens le 14 juin 1800.

49 TÊTE DE VEAU SAUCE GRIBICHE

1/2 tête de veau. 2 carottes. 4 clous de girofle. Laurier, thym. 1/2 verre de vinaigre. Sel, poivre.

Pour la sauce gribiche : *2 cuillères à soupe de vinaigre. 2 cuillères à soupe d'huile. 3 œufs durs. 2 cornichons. Persil, estragon, câpres.*

Préparation : 10 minutes - Cuisson : 1 h 45 - Marmite, saladier, bol.

Mettre la tête dans une grande marmite, la couvrir d'eau. Faire bouillir 5 minutes. Sortir la tête.

Vider la marmite et y remettre la tête. Couvrir la tête d'eau froide, ajouter 1/2 verre de vinaigre, le thym, le laurier, les carottes et l'oignon coupés fins, les clous de girofle. Saler et poivrer. Faire cuire doucement 1 h 40.

Faire la sauce gribiche : dans un saladier, mettre l'huile et le vinaigre battus avec les 3 œufs durs écrasés avec une fourchette. Ajouter les cornichons coupés en rondelles, le persil et l'estragon hachés et les câpres.

Servir la tête chaude avec des pommes de terre cuites à l'eau. Mettre la sauce dans un bol.

Remarque : ce plat sert parfois d'entrée, parfois de plat principal. Les républicains mangeaient la tête de veau le 21 janvier, jour de la mort du roi Louis XVI.

MOUTON - AGNEAU

50 CERVELLES AU BEURRE NOIR

6 cervelles d'agneau. 2 oignons. 1 carotte. Persil, thym, laurier. 30 g de beurre. 1 cuillère à soupe de vinaigre. Sel, poivre en grains.

Préparation : 20 minutes - Cuisson : 30 minutes - Grand bol, casserole, poêle, plat.

Mettre les cervelles dans un grand bol d'eau froide pendant 2 heures. Changer l'eau deux fois. Enlever la fine peau.
Dans une casserole, mettre les oignons coupés en morceaux, la carotte coupée fine, le persil, le thym, le laurier, du sel et du poivre en grains dans de l'eau froide. Quand l'eau bout, mettre les cervelles ; cuire 10 minutes. Retirer les cervelles, les couper en 4. Faire chauffer le beurre dans la poêle et y mettre les cervelles. Faire cuire des 2 côtés 5 minutes. Mettre les cervelles dans un plat. Ajouter le reste de beurre dans la poêle, le faire cuire, puis verser le vinaigre, mélanger et verser sur les cervelles.

Conseil : on peut aussi manger les cervelles sans les mettre à la poêle, avec du beurre, du citron, du persil. On les sert avec des pommes de terre cuites à l'eau.

51 CÔTELETTES

6 côtelettes ou tranches de gigot. Thym. Huile, sel, poivre.

Cuisson : 5 minutes - Poêle ou gril.

À la poêle : mettre les côtelettes dans la poêle chaude avec très peu d'huile. Cuire 5 minutes de chaque côté à feu fort. Saler, poivrer, ajouter un peu de thym.
Au feu de bois : mettre un peu d'huile sur les côtelettes. Les poser sur le gril. Mettre du thym dans le feu sans flamme pour parfumer la viande.

52 GIGOT D'AGNEAU

1 gigot (ou 1 épaule) d'agneau (2 kg environ). 5 gousses d'ail. 1 cuillère à soupe d'huile. Thym, sel, poivre.

Préparation : 5 minutes - Cuisson : 20 minutes par 500 g - Plat à four.

Piquer les gousses d'ail dans le gigot avec un couteau. Mettre une cuillère d'huile dans le plat et sur le gigot. Saler, poivrer, et ajouter du thym. Mettre le plat dans le four très chaud. Retourner une fois.

Conseil : avec le gigot, on mange habituellement des haricots blancs ou des haricots verts..
Langue : au XIXe siècle, les dames portaient des robes à grandes manches bouffantes que l'on nommait « manches gigot ».

53 NAVARIN

1,5 kg de mouton coupé en morceaux. 1 kg de navets. 2 oignons. 3 carottes. 60 g de beurre. 1 cuillère à café de farine. 2 verres de vin blanc ou de bière. Thym, laurier, persil. Sel, poivre.

Préparation : 20 minutes – Cuisson : 1 h 1/2 – Cocotte.

Mettre le beurre dans la cocotte, puis la viande, tourner des deux côtés. Ajouter un peu de farine, tourner, ajouter le vin blanc, le sel, le poivre, remuer. Faire cuire 10 minutes. Ajouter les carottes, les oignons, le thym, le laurier et le persil. Couvrir et faire cuire pendant 30 minutes à feu lent. Ajouter les navets épluchés et faire cuire encore 45 minutes à 1 heure, toujours à feu doux.
On peut remplacer les navets par des haricots blancs. Le plat s'appelle alors « haricot de mouton ».

PORC

54 CASSOULET (Sud-Ouest)

1 kg de porc en morceaux. 6 saucisses. 1,5 kg de haricots blancs. 5 cuillères à soupe d'huile. 3 cuillères à soupe de farine. 2 tomates. 2 gousses d'ail. 1 oignon. Laurier, sel, poivre. 1 verre d'eau chaude.

Préparation : 15 minutes, et laisser reposer 1 nuit – Cuisson : 4 h 1/2 – Saladier, casserole, cocotte.

Faire tremper les haricots blancs dans de l'eau froide toute une nuit. Le lendemain, les égoutter. Les mettre dans une casserole, les couvrir d'eau froide. Ajouter du laurier et 1 oignon. Cuire 1 h 1/2. Mettre 5 cuillères à soupe d'huile dans une cocotte, y mettre les morceaux de porc, tourner, ajouter 3 cuillères de farine, tourner. Ajouter 1 verre d'eau chaude, les tomates coupées en morceaux, l'ail. Saler et poivrer. Faire cuire à feu lent 2 heures, puis ajouter les haricots cuits et les saucisses et faire encore cuire lentement 1 heure.

55 CHOUCROUTE (Lorraine, Alsace)

2 kg de choucroute crue. 10 saucisses fumées appelées en France «Francfort» ou «Strasbourg». 200 g de lard. Différents morceaux de viande de porc : palette, petit salé, jambonneau, etc. 2 pommes. 2 oignons. 3 verres de vin blanc sec. 6 baies de genièvre. 1 feuille de laurier. 10 grains de poivre. 30 g de margarine ou de graisse de porc (saindoux). 6 pommes de terre.

Préparation : 30 minutes - Cuisson : 2 h 1/2 - Cocotte, casserole.

Bien laver la choucroute à l'eau froide. Peler et hacher les oignons. Enlever l'eau de la choucroute en la pressant. Couper les pommes en petits morceaux. Faire fondre la margarine dans la cocotte avec les oignons ; laisser cuire 5 minutes. Ajouter la choucroute, les petits morceaux de pomme, les grains de poivre, les baies de genièvre, le laurier, le vin blanc et 1 verre d'eau. Mélanger doucement. Faire cuire 1 heure.
Mettre les morceaux de porc. Faire cuire lentement 1 heure. Mettre alors les saucisses et le morceau de lard dans la choucroute et faire cuire encore 30 minutes.
Faire cuire dans une caserole les pommes de terre à l'eau.

Conseil : se sert avec du vin blanc (d'Alsace, si possible Riquewhir, Sylvaner) ou de la bière.

56 CÔTELETTES DE PORC

6 côtelettes de porc. 3 tranches de pain sec ou 3 biscottes écrasées. Ciboulette, persil, sauge hachée. 50 g de beurre. 10 câpres. 5 cornichons. 1 cuillère à soupe de vinaigre. 1 petit verre de vin blanc. 1 cuillère à soupe de farine. Sel, poivre.

Préparation : 5 minutes - Cuisson : 15 minutes - Poêle, assiette.

Mettre dans une assiette le pain ou les biscottes écrasés, le persil, la ciboulette, la sauge, du sel et du poivre. Mélanger. Mettre du beurre dans la poêle et faire cuire la viande de chaque côté. Ajouter le mélange à mi-cuisson et continuer à faire cuire. Mettre alors dans la poêle les câpres et les cornichons coupés en petits morceaux, la cuillère de vinaigre, le petit verre de vin blanc, laisser cuire 3 minutes.

Langue : traiter quelqu'un de «cornichon» veut dire qu'il est idiot !

57 FILET DE PORC AUX POMMES

1,3 kg de rôti dans le filet, entouré de lard. 1 kg de pommes (fruits). 2 verres de vin blanc. 150 g de crème fraîche. Sel, poivre.

Préparation : 15 minutes - Cuisson : 1 h 30 - Plat à four, plat.

Mettre le rôti dans un plat à four, saler et poivrer. Le mettre 30 minutes dans le four chaud. Retourner le rôti. Le couvrir d'une feuille d'aluminium, comme un toit. Éplucher les pommes, les couper en morceaux. Retirer le jus gras du rôti. Verser dans le plat le vin blanc, mettre les pommes autour du rôti. Faire cuire 1 heure à feu moyen. Laisser la feuille d'aluminium. Ajouter la crème fraîche.

Couper le rôti, mettre les tranches de viande sur un plat et les pommes autour.

Remarque : deux bons compagnons pour le porc, les pommes (parce que le goût sucré va bien avec celui du porc) et la sauce.

58 PETIT SALÉ AUX LENTILLES

1,5 kg de palette ou morceau d'épaule de porc ou petit salé. 500 g de lentilles. 2 carottes. 2 clous de girofle. 1 oignon. Thym, laurier, persil. 3 feuilles de sauge.

Préparation : 15 minutes - Cuisson : 2 h 15 - Marmite, plat.

Mettre dans une marmite le morceau de porc, le couvrir d'eau froide et le faire bouillir 15 minutes.
Éplucher les carottes. Piquer l'oignon avec les clous de girofle. Laver les lentilles.
Jeter la première eau de cuisson, mettre la viande, les lentilles, les carottes, le thym, le laurier, le persil et les feuilles de sauge dans la marmite, couvrir d'eau froide et faire cuire 2 heures.
Mettre la viande dans un plat entourée des lentilles, enlever les herbes.

Remarque : la palette est le nom d'un morceau de l'épaule du porc ; ne pas la confondre avec celle de Picasso. Le petit salé est appelé ainsi, parce que ce morceau est conservé dans le sel. Faire dessaler avant cuisson et ne pas mettre de sel dans ce plat !

59 POTÉE CAMPAGNARDE (Centre)

1,5 kg de morceau de viande de porc. 1 grosse saucisse. 500 g de lard fumé. 1 chou. 1 kg de navets. 1 kg de carottes. 6 pommes de terre épluchées. 1 oignon. Thym, persil, laurier. Grains de poivre.

Préparation : 20 minutes - Cuisson : 2 heures - Marmite.

Mettre la viande dans la marmite. Couvrir d'eau froide, ajouter l'oignon, le thym, le laurier et le persil, le lard et les grains de poivre. Faire cuire 1 heure. Mettre les légumes épluchés dans la marmite avec la saucisse. Faire cuire 30 minutes. Ajouter alors les pommes de terre et faire cuire encore 30 minutes.

Conseils : pour un régime, on peut cuire les légumes séparément. Attention ! piquer la saucisse avec une fourchette avant la cuisson pour qu'elle reste entière dans l'eau bouillante. Cette saucisse est différente de celle qu'on cuit dans l'huile. Elle est plus grosse, salée ou fumée.

VOLAILLES

60 CAILLES AUX RAISINS

6 cailles. 6 tranches de lard. 200 g de chair à saucisse. 500 g de raisin blanc. 1/4 de litre de vin blanc ou de bière. Sel, poivre. Un peu d'huile.

Préparation : 30 minutes - Cuisson : 20 minutes - Cocotte.

Laver les grains de raisin. En prendre la moitié. Les couper en deux, enlever les pépins. Mélanger ces raisins à la chair à saucisse. Saler et poivrer. Remplir les cailles avec ce mélange. Les entourer d'une tranche de lard. Les ficeler. Mettre un peu d'huile dans la cocotte. Faire cuire les cailles 2 minutes de chaque côté. Verser le vin blanc et laisser cuire 7 minutes de chaque côté. 5 minutes avant la fin de la cuisson, mettre les grains de raisin restant dans la cocotte.

Langue : la Butte aux Cailles est un quartier du sud de Paris. Appeler quelqu'un « ma petite caille » est un signe d'affection.

mélanger les grains de raisin à la chair à saucisse

remplir la caille avec ce mélange

entourer la caille d'une tranche de lard

ficeler

61 CANARD AUX OLIVES

1 canard de 1,5 kg. 3 cuillères à soupe d'huile. 3 verres d'eau, de vin blanc ou de bière. 200 g d'olives noires ou vertes.

Préparation : 5 minutes - Cuisson : 1 h 1/2 - Cocotte, plat.

Mettre l'huile dans une cocotte chaude, y mettre le canard, le retourner, ajouter les 3 verres d'eau (vin blanc ou bière), saler, couvrir la cocotte. 10 minutes avant la fin de la cuisson, mettre les olives (ajouter un peu d'eau si besoin). Découper le canard et le présenter sur un plat entouré des olives.

Conseil : on sert aussi le canard avec des navets, des pommes, du chou ou de l'orange. Le meilleur morceau est le magret. On ne découpe pas le canard de la même façon que le poulet...

62 LAPIN EN CIVET

1 lapin de 1,5 kg coupé en morceaux. 50 g de lard ou 3 cuillères à soupe d'huile. 2 oignons. 100 g de beurre. 1/2 litre de vin rouge. 1/2 verre de vinaigre. Laurier, thym. 3 carottes. Un peu de farine. Sel et poivre.

Préparation : 40 minutes et laisser reposer 24 heures - Cuisson : 1 h 1/4 - Cocotte, grand plat creux, passoire.

Mettre le lapin coupé en morceaux dans un grand plat creux avec le vin, le vinaigre, 1 oignon et les carottes coupées en morceaux, le laurier, le thym. Laisser reposer 24 heures. Ça s'appelle une marinade.

Le lendemain, dans une cocotte, mettre du beurre, du lard ou de l'huile et 1 oignon haché. Ajouter les morceaux de lapin, les faire cuire, saler et poivrer. Verser la farine. Tourner. Passer la marinade à l'aide de la passoire. Verser la sauce sur le lapin, faire cuire doucement avec un couvercle pendant 1 heure.

mettre dans un plat creux le lapin coupé en morceaux, le vin, le vinaigre, 1 oignon, les carottes, le laurier, le thym

passer la marinade à l'aide d'une passoire

63 LAPIN À LA MOUTARDE

1 lapin de 1,5 kg. 5 cuillères à soupe de moutarde. 50 g de beurre. Sel, poivre en grains. 3 tranches de lard. 1 verre de vin blanc ou de bière.

Préparation : 10 minutes - Cuisson : 1 h 1/4 - Plat à four, casserole, bol.

Faire fondre le beurre. Dans un bol, mélanger la moutarde et le beurre et en couvrir le lapin. Puis envelopper le lapin de lard et ficeler. Mettre 1 verre de vin blanc au fond du plat et faire cuire dans un four chaud 1 h 1/4. Retourner une fois le lapin pendant la cuisson.

Conseil : la moutarde et le lard servent à empêcher que le lapin devienne sec. Si on manque de lard, on peut le remplacer par une feuille de papier aluminium posée comme un toit sur le lapin.

64 PINTADE FARCIE

1 pintade de 1,5 kg. Le foie de la pintade. 1/4 de litre d'eau. 60 g de beurre. 100 g de chair à saucisse. Persil. 2 tranches de pain de mie. 1 verre de lait chaud. 1 œuf. Sel, poivre, muscade.

Préparation : 20 minutes - Cuisson : 1 h 1/2 - Saladier, cocotte, casserole, grand bol, poêle.

Mettre le lait dans un saladier sur les tranches de pain de mie. Nettoyer le foie de la pintade et le couper en petits morceaux. Faire fondre 20 g de beurre dans une poêle et faire cuire le foie, puis le mettre dans le grand bol. Mettre la chair à saucisse dans la poêle et la faire cuire, l'ajouter au foie avec le persil et la mie de pain. Saler et poivrer. Mettre la farce dans la pintade, coudre l'ouverture avec du fil. Faire fondre 40 g de beurre dans une cocotte et y faire cuire la pintade de chaque côté. Ajouter du sel, du poivre, de la muscade râpée. Faire cuire doucement 1 heure.

Conseil : servir avec des choux de Bruxelles cuits à l'eau 30 minutes et arrosés avec le jus de cuisson.

65 POULE AU POT

Farce : *1 poule de 2 kg. Le foie de la poule. 3 tranches minces de lard. 1 tranche de jambon cru. 2 échalotes. 2 gousses d'ail. 3 biscottes écrasées. 2 œufs. 20 g de beurre. Sel, poivre.*

Légumes : *10 carottes. 10 navets. 6 poireaux. 1 cœur de céleri. 1 oignon. 2 feuilles de laurier. Persil. 500 g de riz.*

Préparation : 30 minutes - Cuisson : 3 heures - Cocotte, casserole, grand bol, plat.

Faire une farce avec le foie, le lard, le jambon, les échalotes, les biscottes, les gousses d'ail, sel, poivre. Hacher très fin et mélanger avec les deux œufs. Mettre dans la poule. Mettre la poule dans la cocotte avec tous les légumes, le laurier, le persil. Saler. Couvrir d'eau froide. Faire cuire lentement pendant 3 heures. Utiliser 1 litre du bouillon de la poule pour cuire le riz dans une casserole avant la fin de la cuisson de la poule. Mettre le riz dans un plat et poser la poule dessus, entourée des légumes.

Conseil : garder le bouillon, il est très bon ! Quand il est froid, retirer la couche de graisse avant de le faire réchauffer.
Langue : Henri IV voulait que ses sujets mangent tous les dimanches la « poule au pot ».

66 POULET BASQUAISE (Sud-Ouest)

1 poulet coupé en morceaux. 2 cuillères à soupe d'huile. 4 échalotes. 1 gousse d'ail. 4 tomates bien mûres. 1 poivron. Sel, poivre.

Préparation : 10 minutes - Cuisson : 1 h 1/4 - Cocotte.

Mettre l'huile dans une cocotte. Faire cuire, les morceaux de poulet en les retournant. Ajouter les échalotes, la gousse d'ail, le poivron coupé en tranches et les tomates pelées et coupées en morceaux. Remuer. Couvrir la cocotte. Tourner de temps en temps. Saler et poivrer. Servir avec du riz.

Langue : tout ce qui est accompagné d'un mélange tomate, poivron, oignon (ou échalote) s'appelle basquaise...

67 POULET CHASSEUR

1 poulet de 1,5 kg coupé en morceaux. 3 cuillères à soupe d'huile. 1 boîte de concentré de tomates. 1 petit verre de cognac. 1 verre et demi de vin blanc. 1 verre d'eau. 500 g de champignons frais (ou en boîte). Sel, poivre.

Préparation : 15 minutes - Cuisson : 1 h 1/4 - Cocotte.

Mettre l'huile dans une cocotte et faire cuire les morceaux de poulet de chaque côté. Verser le cognac, et le faire flamber avec une allumette. Ajouter le vin blanc, l'eau ; saler, poivrer. Faire cuire à feu fort 20 minutes. Ajouter alors le concentré de tomates, mélanger, ajouter les champignons lavés, épluchés et coupés en tranches. Laisser cuire doucement 45 minutes.

Langue : « mon poulet » est une façon tendre d'appeler les personnes (enfants) proches que l'on aime bien.

68 POULET AU CITRON

1 poulet de 1,5 kg coupé en morceaux. 1 kg d'oignons. 6 citrons. Huile. Sel.

Préparation : 20 minutes - Cuisson : 1 h 1/4 - Cocotte.

Éplucher et couper les oignons en 8. Presser les citrons. Faire cuire à feu fort les morceaux de poulet dans une cocotte avec un peu d'huile pendant 5 minutes. Ajouter les oignons et le jus des citrons. Saler. Laisser cuire doucement pendant 1 heure environ. Tourner. Servir avec du riz.

Langue : d'une personne toujours un peu malade, on dit qu'elle a du « sang de poulet ».

69 POULET FARCI

1 poulet de 1,5 kg. Le foie du poulet. 3 tranches de pain sec ou 3 biscottes écrasées. 2 tranches de jambon. 250 g de chair à saucisse. 3 gousses d'ail. 1 œuf. Persil. 2 cuillères à soupe d'huile. 20 g de beurre. Sel, poivre.

Préparation : 10 minutes - Cuisson : 1 h 1/2 - Plat à four, saladier.

Dans un saladier, faire une farce avec le foie du poulet, la chair à saucisse, le pain écrasé, le jambon, l'ail, le persil. Hacher le tout et mélanger avec 1 œuf. Mettre la farce dans le poulet, le poulet dans un plat à four avec l'huile et le beurre. Saler, poivrer. Faire cuire 45 minutes à four chaud. Retourner le poulet, l'arroser et le cuire encore 45 minutes.

Conseil : on peut servir le poulet avec une purée de pommes de terre, arrosée du jus du poulet, ou du riz.

70 COQ AU VIN (Bourgogne)

1 coq (ou poulet) de 2 kg coupé en morceaux. 1/2 litre de vin rouge. 2 cuillères à soupe de cognac. 300 g de champignons. 2 gousses d'ail. 2 oignons coupés en morceaux. 200 g de lard coupé en morceaux. 60 g de beurre. 1 cuillère à soupe de farine. Thym, laurier, persil, sel, poivre.

Préparation : 10 minutes - Cuisson : 2 heures - Cocotte.

Mettre dans une cocotte les morceaux de coq et les faire cuire dans le beurre de chaque côté, 10 minutes. Les sortir. Mettre le lard et les oignons avec la farine, mélanger. Ajouter alors les morceaux de coq et, en tournant, verser le vin, saler, poivrer. Mettre l'ail et le thym, le laurier et le persil. Couvrir, faire cuire 1 heure. Bien laver les champignons et les mettre dans la cocotte. Faire cuire encore 30 minutes. Verser le cognac dans la cocotte et faire cuire à feu doux encore 5 minutes.

Conseil : à la ferme prenez un vrai coq. En ville, achetez un poulet. Attention ! le poulet cuit plus vite. 1 h 1/2 c'est assez. Servir avec des pommes de terre cuites à l'eau ou des pâtes fraîches.

POISSONS

71 COLIN AU COURT-BOUILLON

Même préparation : anguille, bar, cabillaud, lotte, maquereau, merlan, morue, raie, saumon, turbot.

Colin de 1,2 kg.

Court-bouillon *(pour 1 litre d'eau) : 1/2 verre de vinaigre ou 2 verres de vin blanc. 2 carottes coupées en rondelles. 2 oignons. Thym, laurier. Sel, poivre.*

Préparation : 5 minutes - Cuisson : 30 minutes - Marmitte ou cocotte.

Mettre carottes, oignons, thym, laurier, sel, poivre et le vinaigre ou le vin dans l'eau froide. Faire bouillir doucement 10 minutes environ. Y plonger le poisson. Laisser cuire 15 minutes. Manger le poisson chaud avec du beurre et du citron ou froid avec une sauce vinaigrette (n° 3).

Conseil : plat très sain, conseillé dans les régimes. S'accompagne de légumes cuits à l'eau (endives, fenouils, choux-fleurs), mais surtout de pommes de terre ou de riz.

72 DORADE AU FOUR

Même préparation : carrelet, rascasse, mulet, rouget, thon, truite.

1 dorade de 1,2 kg. 2 oignons. 1/4 de litre de vin blanc. 1 verre d'eau. 2 tomates. Un peu d'huile. Sel.

Préparation : 10 minutes - Cuisson : 40 minutes - Plat à four.

Mettre un peu d'huile au fond du plat à four. Y placer les oignons pelés et coupés en rondelles. Poser dessus la dorade. Entourer avec les tomates coupées en quartiers. Mettre 1/4 de litre de vin blanc et 1 verre d'eau. Saler. Faire cuire au four à feu moyen 40 minutes.

Langue : « dorade » s'écrit aussi « daurade ». On se souvient des vers de Rimbaud dans *le Bateau ivre* : « J'aurais voulu montrer aux enfants ces dorades / Du flot bleu, ces poissons d'or, ces poissons chantants. »

73 FRITURE DE MERLAN

Même préparation : petits poissons, éperlans, petits rougets, petits morceaux de morue.

6 merlans ou 150 g de petits poissons par personne. Farine. 1 litre d'huile. 3 citrons. Persil, sel, poivre.

Préparation : 5 minutes - Cuisson : 10 minutes - Cocotte.

Vider puis sécher les merlans. Les couvrir de farine. Les plonger dans l'huile bouillante pendant 10 minutes. Saler et poivrer quand les merlans sont frits. Servir avec du persil haché et des rondelles de citron.

Langue : la stupéfaction, l'incompréhension s'expriment en faisant « des yeux de merlan frit ».

74 GRATIN DE POISSON

750 g de poisson cuit à l'eau (colin, morue, raie...). 250 g de moules cuites. 250 g de crevettes épluchées. Sauce béchamel (n° 4).

Préparation : 20 minutes - Cuisson : 20 minutes - Plat à four, casserole.

Faire une sauce béchamel. Y mélanger les morceaux de poisson cuit, les moules et les crevettes. Mettre dans un plat. Mettre à four chaud 20 minutes.

Conseil : pour une présentation originale, on peut acheter une brioche. Enlever l'intérieur, y verser le mélange poisson-béchamel en posant par-dessus le chapeau de la brioche. Mettre au four 10 minutes. Servir.

75 LOTTE EN BROCHETTE

1 kg de lotte. 6 tomates. 3 poivrons. 250 g de champignons blancs. Sel.

Préparation : 20 minutes - Cuisson : 8 minutes - Brochettes.

Nettoyer les légumes et les couper en morceaux. Couper la lotte en morceaux. Sur une brochette, mettre 1 morceau de poivron, 1 morceau de tomate, 1 morceau de champignon, 1 morceau de lotte deux ou trois fois. Saler. Mettre au four ou sur un gril au-dessus d'un feu de bois.

Conseil : à servir dans des dîners chics, avec du riz et un vin blanc sec bien frais.

76 MORUE EN BRANDADE
(Provence, Côte d'Azur)

1 kg de morue. 2 gousses d'ail. 2 oignons. Thym, laurier, persil. 1 verre d'huile. 1/4 de verre de lait. Poivre.

Préparation : 10 minutes – Cuisson : 35 minutes – Casserole, cocotte, mixeur.

Dans une grande casserole, mettre la morue dans 1 litre d'eau froide, les gousses d'ail, 1 oignon, le thym, le laurier, le poivre. Faire bouillir. Enlever la casserole du feu dès le premier bouillon et couvrir la casserole 20 minutes.

La morue étant cuite, enlever la peau et toutes les arêtes. Écraser très fin la morue, écraser aussi 1 oignon (à la fourchette ou au mixeur). Dans une cocotte, faire chauffer doucement 1/2 verre d'huile et ajouter la morue et l'oignon écrasés très fin. Cuire très lentement quelques minutes et verser 1/4 de verre de lait tiède et un peu d'huile. Verser lait et huile pour avoir un mélange crémeux. Ajouter l'ail écrasé et un peu de poivre.

Conseil : si on achète de la morue séchée, dessaler le poisson la veille dans une casserole pleine d'eau froide, mettre souvent de l'eau fraîche. Certains mélangent de la purée de pommes de terre à la recette. C'est bon aussi.

77 RAIE AU BEURRE NOIR

1,2 kg de raie. Court-bouillon (n° 71). Beurre noir (n° 5).

Préparation : 5 minutes – Cuisson : 25 minutes – 2 casseroles.

Faire cuire la raie au court-bouillon. Servir avec un beurre noir.

Conseil : on peut aussi servir la raie avec une sauce blanche (n° 6). On la sert avec des pommes de terre cuites à l'eau.

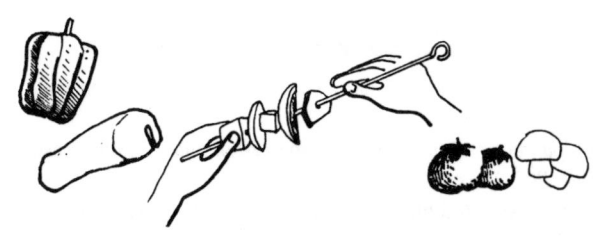

75
sur une brochette, mettre 1 morceau de poivron,
1 morceau de tomate, 1 morceau de lotte (deux ou trois fois)

78 SAUMON EN PAPILLOTE

Même préparation : tous les poissons en filet, en tranche et les poissons de petite ou moyenne grosseur (truite en particulier).

6 tranches de saumon frais. Aneth. 6 rondelles de citron.

Préparation : 5 minutes – Cuisson : 15 minutes – Papier d'aluminium.

Poser sur chaque tranche de saumon de l'aneth et une rondelle de citron. Envelopper chaque tranche dans un papier d'aluminium. Mettre 15 minutes dans le four chaud.

Remarque : préparation facile et bonne pour la santé (pas de vaisselle, pas d'odeurs, pas de gras) ; le goût du poisson est entièrement conservé. Apporter sur la table les poissons entourés de leur papier d'aluminium est assez original. À chacun d'ouvrir son cadeau !
Conseil : avant la cuisson, on peut ajouter de la crème fraîche dans chaque papillote.

79 FILET DE SOLE MEUNIÈRE

Même préparation : carrelet, tranches de cabillaud, de colin, de saumon, limande.

3 soles de 300 g chacune. 150 g de beurre. 2 citrons. 1 cuillère à soupe de farine. Persil haché, sel, poivre.

Préparation : 5 minutes – Cuisson : 10 minutes – Poêle, plat.

Faire préparer les soles chez le marchand. Saler et poivrer. Passer les soles dans la farine des deux côtés. Mettre le beurre dans une poêle et faire dorer les soles de chaque côté. Les mettre sur un plat, verser le jus des citrons et couvrir de persil haché.

Conseil : servir avec des petites pommes de terre nouvelles.

80 THON À LA PROVENÇALE

3 tranches de thon de 300 g chacune. Sauce tomate en boîte. Huile.

Préparation : 15 minutes – Cuisson : 20 minutes – Poêle, casserole, plat.

Mettre un peu d'huile dans une poêle. Faire cuire le thon de chaque côté 7 minutes, saler, poivrer. Dans une casserole, faire réchauffer la sauce tomate. Placer les tranches de thon dans un plat, les recouvrir de sauce tomate.

ŒUFS

81 ŒUFS À L'AURORE

6 œufs. Sauce béchamel (n° 4). 50 g de gruyère râpé. Sel, poivre.

Préparation : 15 minutes - Cuisson : 25 minutes - Casserole, plat à four.

Préparer une béchamel au fromage. Faire cuire 10 minutes les œufs à l'eau bouillante, enlever la coquille. Couper les blancs en morceaux et les mélanger à la sauce béchamel. Poser les jaunes sur une couche de sauce. Recouvrir de sauce. Mettre 15 minutes à four très chaud.

Langue : le nom du plat vient de la ressemblance des jaunes d'œufs avec le soleil qui se lève.

enlever la coquille des œufs

couper les blancs en morceaux et les mélanger à la sauce béchamel

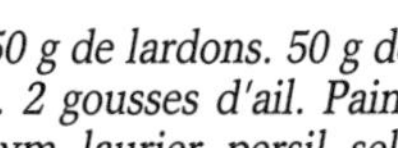

poser les jaunes sur une couche de sauce

82 ŒUFS BOURGUIGNONS

6 œufs. 150 g de lardons. 50 g de beurre. 3 oignons. 1/2 litre de vin rouge. 2 gousses d'ail. Pain de mie. 1 cuillère à soupe de farine. Thym, laurier, persil, sel, poivre.

Préparation : 15 minutes - Cuisson : 20 minutes - Cocotte, plat à four, bol.

Dans une cocotte, faire cuire les lardons dans un peu de beurre. Enlever les lardons et mettre les oignons hachés. Ajouter 1/2 litre de vin rouge, l'ail, le thym, le laurier, le persil, le sel et le poivre. Faire cuire doucement sans couvrir 15 minutes.
Mettre dans le four des tranches de pain frottées d'ail et les faire griller légèrement, puis les mettre sur un plat. Casser un

à un les œufs dans un bol et les ajouter doucement dans la sauce. Faire cuire 3 minutes. Poser les œufs sur les tranches de pain. Passer la sauce, y mettre les lardons et ajouter 30 g de beurre et de la farine, tourner 2 minutes. Verser la sauce sur les œufs. Faire cuire 10 minutes au four.

Conseil : on peut aussi servir les œufs dans des petits plats individuels allant au four.

83 OMELETTE AU FROMAGE

13 œufs. 20 g de beurre ou 1 cuillère à soupe d'huile. 75 g de gruyère râpé. Sel, poivre.

Préparation : 5 minutes – Cuisson : 10 minutes – Saladier, poêle, plat.

Casser les œufs dans un saladier. Saler et poivrer. Battre les œufs avec une fourchette, ajouter le gruyère râpé, mélanger. Dans une poêle, mettre le beurre, attendre que la poêle soit chaude, verser les œufs. Faire cuire jusqu'à ce que l'omelette soit bien prise. Rouler l'omelette et la faire glisser sur un plat.

Conseil : pour rendre l'omelette plus légère, on y ajoute un peu d'eau.
Langue : un proverbe dit : « On ne fait pas d'omelette sans casser des œufs. » C'est-à-dire qu'il arrive toujours des petits accidents quand on fait quelque chose.

84 OMELETTE DE POMMES DE TERRE

12 œufs. 500 g de pommes de terre cuites à l'eau. 75 g de beurre ou 4 cuillères à soupe d'huile. Sel, poivre.

Préparation : 10 minutes – Cuisson : 10 minutes – Poêle, saladier, plat.

Couper les pommes de terre en morceaux. Mettre le beurre dans une poêle. Faire « dorer » les pommes de terre de chaque côté (elles prennent une jolie couleur or).
Casser les œufs dans un saladier, ajouter le sel et le poivre. Battre le mélange. Verser les œufs battus sur les pommes de terre. Laisser cuire quelques minutes.

Remarque : s'il y a beaucoup de pommes de terre et pas beaucoup d'œufs, on appelle le plat « gâteau de pommes de terre », ou omelette à l'espagnole.
Langue : servie peu cuite, l'omelette est dite « baveuse » quand il reste de l'œuf encore liquide.

LÉGUMES

85 AUBERGINES À LA TOMATE (Provence)

1 kg d'aubergines. 6 grosses tomates mûres. 1/2 litre d'huile. 1 oignon. 2 gousses d'ail. Thym, laurier, sel, poivre.

Préparation : 30 minutes - Cuisson : 1 heure - Casserole, poêle, plat à gratin.

Peler les aubergines, les couper en minces tranches dans le sens de la longueur. Les piquer avec une fourchette, les saler. Faire reposer 30 minutes. Rincer les aubergines à l'eau froide, les essuyer. Faire chauffer l'huile dans une poêle, y mettre les tranches d'aubergines, les faire cuire de chaque côté.
Mettre dans une casserole les tomates pelées et coupées en morceaux, l'oignon et l'ail coupés, ajouter le laurier et le thym, du sel et du poivre. Faire cuire 10 minutes. Dans un plat à gratin, mettre une couche de sauce tomates, des aubergines, de la sauce tomate, des aubergines, etc. Faire cuire à four chaud 20 minutes.

Conseil : quand les aubergines sortent de la poêle, les placer sur un papier qui boit toute l'huile. Ainsi elles ne sont pas grasses.

86 ENDIVES BRAISÉES

1,5 kg d'endives épluchées. 40 g de beurre. Sel, poivre.

Préparation : 10 minutes - Cuisson : 35 minutes - Casserole, poêle.

Mettre les endives dans une grande casserole d'eau bouillante salée. Faire cuire 15 minutes.
Égoutter les endives et les presser une à une pour bien faire sortir l'eau. Mettre dans une poêle le beurre, ajouter les endives et faire cuire 15 à 20 minutes en les retournant.

Conseil : utiliser plusieurs torchons pour presser les endives. Attention à ne pas vous brûler les mains !

87 ENDIVES AU JAMBON
(nord de la France)

1 kg d'endives. 12 tranches de jambon de Paris (cuit). Sauce béchamel (n° 4).

Préparation : 20 minutes - Cuisson : 35 minutes - Casserole, plat.

Faire cuire les endives 15 minutes dans de l'eau bouillante salée. Les égoutter. Bien faire sortir l'eau. Enrouler chaque endive dans une tranche de jambon. Les mettre dans un plat. Couvrir de sauce béchamel. Mettre au four 20 minutes.

Conseil : peut servir de plat unique pour un dîner léger.

88 ÉPINARDS SAUCE BLANCHE
(Provence)

2 kg d'épinards. 1 oignon. 1 cuillère à soupe d'huile d'olive. 1 cuillère à soupe de farine. 1 cuillère à soupe de beurre. 1/2 litre de lait. Sel, poivre.

Préparation : 15 minutes - Cuisson : 40 minutes - Casserole, cocotte.

Bien laver les épinards. Les faire cuire 10 minutes. Les égoutter, les presser, les hacher très fin.
Mettre dans une cocotte 1 cuillère à soupe d'huile d'olive, l'oignon coupé en fins morceaux et la farine. Faire cuire 5 minutes. Ajouter les épinards, mélanger en versant doucement le lait. Saler et poivrer. Mettre le beurre.

Conseil : les épinards surgelés évitent le lavage long et difficile !

89 GRATIN DE COURGETTES

Même préparation : choux-fleurs, blettes, fenouils.

1 kg de courgette. Sauce béchamel (n° 4). 20 g de beurre. Sel.

Préparation : 20 minutes - Cuisson : 30 minutes - Casserole, plat à four.

Couper les courgettes en rondelles. Les mettre dans une casserole d'eau bouillante salée, les faire cuire 15 minutes.
Les égoutter. Mettre dans un plat à four beurré. Faire une sauce béchamel. Mélanger le tout. Faire cuire à four chaud 15 minutes.

Conseil : on peut ajouter à la sauce béchamel du gruyère râpé et de la noix muscade. C'est meilleur !

90 HARICOTS BLANCS À LA TOMATE
(Sud-Ouest)

500 g de haricots blancs. 500 g de tomates. 1 gousse d'ail. 1 oignon. Persil. 1 cuillère à soupe d'huile. 30 g de beurre. Sel, poivre.

Préparation : 15 minutes, laisser tremper 12 heures - Cuisson : 2 h 20 - Casserole, passoire, cocotte.

faire cuire les endives dans l'eau bouillante salée

égoutter les endives

bien faire sortir l'eau

enrouler chaque endive dans une tranche de jambon

mettre les endives dans un plat, couvrir de sauce béchamel

Faire tremper les haricots dans une grande casserole pleine d'eau froide pendant 12 heures. Égoutter les haricots, les mettre dans une cocotte et les couvrir d'eau froide. Faire cuire doucement 2 heures avec une gousse d'ail.
Mettre les tomates dans l'eau bouillante, les peler, enlever les graines. Les écraser à la fourchette. Peler l'oignon, le couper en fines rondelles. Mettre de l'huile dans une poêle, ajouter l'oignon et les tomates et les faire cuire 20 minutes. Hacher l'ail et le persil. Les mettre dans la cocotte avec le sel et le poivre. Avant de servir, ajouter du persil et le beurre.

91 HARICOTS VERTS À LA TOMATE
(Provence)

1,5 kg de haricots verts fins. 3 tomates. 2 oignons. 2 cuillères à soupe d'huile. Persil, sel, poivre.

Préparation : 15 minutes - Cuisson : 30 minutes - Casserole, passoire, cuillère en bois.

Enlever les fils et les bouts des haricots. Faire cuire les haricots dans de l'eau bouillante salée pendant 20 minutes. Les égoutter. Mettre de l'huile dans la casserole, y mettre les tomates et les oignons coupés. Saler et poivrer. Faire cuire en tournant avec une cuillère en bois. Ajouter les haricots verts. Cuire 5 minutes. Servir avec du persil haché.

Remarque : en Provence, on ajoute de l'ail haché à ce mélange.

92 JARDINIÈRE DE LÉGUMES
(Bretagne)

6 carottes nouvelles. 6 navets nouveaux. 6 oignons blancs. 500 g de petits pois. 6 cœurs de laitues. 50 g de beurre. Sel, poivre.

Préparation : 20 minutes - Cuisson : 20 minutes - Casserole.

Mettre tous les légumes lavés et épluchés dans une casserole. Couvrir d'eau. Saler, poivrer. Faire cuire à l'eau bouillante 20 minutes. Égoutter les légumes. Au moment de servir, ajouter le beurre.

Remarque : c'est un plat du début de l'été qui permet de goûter tous les jeunes légumes du jardin.

93 POMMES DE TERRE FRITES

1 kg de pommes de terre. Huile pour friture. Sel.

Préparation : 20 minutes - Cuisson : 15 minutes - Cocotte ou friteuse, passoire, plat.

Éplucher les pommes de terre, les laver, les couper en tranches minces puis recouper dans le sens de la longueur en petits bâtons fins. Mettre de l'huile dans une cocotte. Quand l'huile est chaude, y mettre les pommes de terre. Les sortir dans une passoire. Bien faire réchauffer l'huile et les plonger une deuxième fois dans l'huile. Égoutter les frites sur un papier, les mettre dans un plat et ajouter du sel.

Remarque : le bifteck pommes frites est considéré comme le plat français par excellence. Pourtant, c'est en Belgique qu'on mange le plus de frites. Elles sont souvent accompagnées d'une mayonnaise piquante appelée «piccadily».

94 GRATIN DAUPHINOIS (Dauphiné)

1 kg de pommes de terre. 1/2 litre de lait. 2 cuillères à soupe de crème fraîche. 2 gousses d'ail. 60 g de beurre. Noix muscade, sel, poivre.

Préparation : 15 minutes - Cuisson : 1 h 1/2 - Plat à gratin, saladier.

Peler les pommes de terre et les couper en minces rondelles. Frotter l'intérieur du plat avec les gousses d'ail épluchées. Beurrer le plat, ajouter les pommes de terre.

Dans un saladier, mélanger le lait et la crème fraîche, le sel, le poivre et la noix muscade râpée. Verser le mélange sur les pommes de terre et ajouter des petits morceaux de beurre. Mettre le plat au four et faire cuire à feu moyen 1 h 1/2.

Conseil : pendant la cuisson, vérifier que le gratin n'est ni trop sec ni trop liquide.

95 POMMES DE TERRE SAUTÉES

1 kg de pommes de terre. 30 g de beurre ou 2 ou 3 cuillères à soupe d'huile. 1 cuillère à soupe de persil haché, sel, poivre.

Préparation : 15 minutes - Cuisson : 30 minutes - Grande poêle, plat creux.

Peler et laver les pommes de terre, les couper en quatre. Faire fondre le beurre (ou faire chauffer l'huile) dans une casserole et y verser les pommes de terre. Les tourner souvent puis couvrir et faire cuire doucement 25 minutes. Ajouter le sel et le poivre, et faire cuire encore 5 minutes.
Mettre les pommes de terre dans un plat creux et ajouter le persil haché.

Conseil : on peut aussi faire cuire les pommes de terre à l'eau. Les peler, les couper en rondelles et les faire cuire dans la poêle 10 minutes.
Remarque : dans le Périgord, on fait cuire les pommes de terre dans la graisse d'oie. Ça s'appelle «pommes de terre sarladaises», du nom de la ville de Sarlat. C'est délicieux.

96 RATATOUILLE (Provence)

4 aubergines. 4 courgettes. 1 kg de tomates. 500 g d'oignons. 2 poivrons doux. 1 petit piment. Thym. 4 gousses d'ail. 1/4 de litre d'huile d'olive. Sel, poivre.

Préparation : 30 minutes - Cuisson : 2 h 1/2 - Poêle, cocotte.

Peler les oignons, les couper, puis mettre dans une poêle 1 cuillère à soupe d'huile d'olive et y ajouter les oignons. Les faire cuire doucement. Peler les tomates, les couper en morceaux, les ajouter aux oignons. Faire cuire doucement. Dans une cocotte, mettre de l'huile d'olive, ajouter les aubergines coupées en morceaux, tourner. Ajouter les courgettes et les poivrons coupés en morceaux. 30 minutes plus tard, mettre le mélange tomates-oignons. Ajouter l'ail écrasé, le sel, le poivre, le thym. Laisser cuire 2 heures.

Conseil : réchauffé c'est encore meilleur. Se mange également froid en entrée.

97 TOMATES À LA PROVENÇALE
(Provence)

12 tomates. 800 g de champignons blancs. 3 gousses d'ail. 6 échalotes. 100 g de mie de pain. 80 g de beurre. Persil, estragon, sel, poivre.

Préparation : 35 minutes – Cuisson : 50 minutes – Poêle, saladier, plat à gratin.

Couper un chapeau aux tomates après les avoir lavées, enlever les graines, saler. Laver les champignons, les hacher très fins.

Faire fondre dans une poêle 30 g de beurre, verser le hachis de champignons, tourner, saler, poivrer et laisser cuire 5 minutes. Verser dans un saladier.

Émietter la mie de pain. Écraser l'ail et les échalotes, hacher 2 cuillères à soupe d'estragon et de persil. Les mélanger aux champignons, ajouter la mie de pain émiettée.

Retourner les tomates pour en retirer l'eau. Mettre du poivre et les remplir avec la farce, mettre un peu de beurre sur chaque tomate, et les couvrir avec les chapeaux. Dans un plat à four beurré, mettre les tomates et faire cuire dans le four chaud 40 minutes.

hacher les champignons très fin

couper un chapeau aux tomates, enlever les graines

verser le hachis de champignon dans la poêle

émietter la mie de pain

écraser l'ail et les échalottes

remplir les tomate avec la farce

couvrir la farce avec le chapeau de la tomate

DESSERTS

CRÈMES

98 CRÈME ANGLAISE

1 litre de lait. 6 œufs. 7 cuillères à soupe de sucre. 1 gousse de vanille.

Préparation : 15 minutes – Cuisson : 20 minutes – Casserole, saladier.

Dans une casserole, faire bouillir le lait. Dans un saladier, mélanger 6 jaunes d'œufs et le sucre ; tourner 10 minutes. Verser lentement le lait chaud sur les œufs. Mettre le mélange dans une casserole. Chauffer très doucement en tournant avec une cuillère. Laisser refroidir.

Remarque : cette crème va très bien avec les gâteaux secs comme la brioche, mais elle est difficile à réussir.

99 CRÈME AU CAFÉ

Crème anglaise (n° 98). 3 cuillères à soupe de café. 6 blancs d'œufs.

Préparation : 20 minutes – Cuisson : 20 minutes. Casserole, saladier, batteur.

Faire une crème anglaise. Ajouter au lait chaud 3 cuillères à soupe de café fort. Battre six blancs d'œufs. Les mélanger à la crème quand elle est encore chaude. Servir froid.

Conseil : on peut également parfumer le lait avec du caramel, c'est une crème au caramel, ou avec de l'orange, du citron, de la vanille, etc.

100 CRÈME AU CHOCOLAT

200 g de chocolat à cuire coupé en morceaux. 1 litre de lait. 5 œufs.

Préparation : 15 minutes – Cuisson : 10 minutes – Casserole.

Dans une casserole, faire fondre 200 g de chocolat, ajouter le lait et faire comme pour la crème anglaise (n° 98).

Conseil : un gâteau au chocolat servi avec une crème au chocolat, c'est délicieux et très chic !

101 MOUSSE AU CHOCOLAT

150 g de chocolat en morceaux. 2 cuillères à soupe de sucre. 6 œufs.

Préparation : 10 minutes – Cuisson : 5 minutes – Casserole, saladier, batteur.

Mettre dans une casserole le chocolat et un peu d'eau, mélanger, faire cuire doucement, bien tourner pour faire fondre le chocolat, retirer du feu. Quand le mélange est presque froid, ajouter les jaunes d'œufs. Mélanger le tout avec les 6 blancs d'œufs battus et sucrés dans un saladier. Servir froid.

Conseil : on peut ajouter un peu de café ou quelques gouttes de jus d'orange.

102 ŒUFS À LA NEIGE

1 litre de lait. 6 cuillères à soupe de sucre. 6 œufs. Crème anglaise (n° 98).

Préparation : 25 minutes – Cuisson : 25 minutes – Casserole, saladier, passoire, batteur.

Faire bouillir dans une casserole le lait sucré, battre 6 blancs d'œufs. Quand le lait bout, y mettre les blancs d'œufs cuillère

battre les blancs d'œufs en neige

quand le lait bout, mettre dedans les blancs cuillère par cuillère

égoutter les blancs cuits

servir froid avec les blancs d'œufs posés sur la crème

par cuillère, les retourner. Les laisser 1 minute dans le lait. Égoutter les blancs cuits. Faire une crème anglaise avec le lait. Servir froid avec les blancs d'œufs posés sur la crème.

Conseil : attention !, dessert difficile à réussir, car le lait monte quand il bout, et le blanc ne doit pas rester plus d'une minute dans le lait.

FRUITS

103 COMPOTE DE POMMES

Même préparation : abricots, cerises, poires, prunes, rhubarbe.

1 kg de pommes. 150 g de sucre. Vanille ou morceau d'écorce de citron.

Préparation : 10 minutes - Cuisson : 20 minutes - Casserole.

Éplucher les pommes, les couper en morceaux, les mettre dans une casserole avec un peu d'eau. Ajouter la vanille ou le citron et le sucre. Faire cuire à feu moyen pendant 20 minutes et remuer de temps en temps.

Conseil : on peut mettre la compote dans un plat à four et la couvrir de blancs d'œufs battus et sucrés. Laisser au four 15 minutes. Dessert chic !

104 PÊCHES AU VIN

6 pêches. 1/4 de litre de vin blanc. 130 g de sucre en poudre.

Préparation : 10 minutes - Saladier.

Peler les pêches, les couper en morceaux, les mettre dans le saladier, ajouter le vin, le sucre. Laisser reposer 2 heures. Servir très frais.

Conseil : servir avec une feuille de menthe, c'est plus joli et très bon !

105 POIRES AU VIN

6 poires. 200 g de sucre. 1/2 litre de vin rouge. Cannelle, clou de girofle, muscade.

Préparation : 15 minutes - Cuisson : 30 minutes - Casserole.

Éplucher les poires entières. Laisser la queue. Mettre dans une casserole le vin, le sucre, la cannelle, le clou de girofle, la muscade et les poires. Faire cuire 30 minutes. Servir froid.

Conseil : c'est une façon de rendre bonnes les poires de mauvaise qualité, pas mûres ou peu juteuses.

106 POMMES AU FOUR

6 grosses pommes. 100 g de beurre. Confiture.

Préparation : 5 minutes - Cuisson : 30 minutes - Plat à four.

Découper les pommes autour de la queue, enlever ce chapeau. Dans le trou mettre du beurre et de la confiture. Mettre les pommes dans un plat à four beurré sans les éplucher, ajouter du beurre, de la confiture et un peu d'eau au fond du plat. Mettre à four moyen 30 minutes.

Remarque : plat pas cher, très facile à faire et qui a une présentation agréable. Avec de la crème ajoutée dans l'assiette au moment de servir, c'est encore meilleur !

107 SALADE DE FRUITS

2 bananes. 250 g de fraises. 2 pommes. 2 oranges. 500 g de pêches et poires. 200 g de raisin. 6 cuillères de sucre. 1 petit verre de cognac ou de whisky. Crème fraîche.

Préparation : 30 minutes - Saladier.

Éplucher et laver les fruits, les couper en morceaux. Les mettre dans le saladier avec le sucre, ajouter 1 petit verre de cognac ou de whisky. Servir froid avec un pot de crème.

Conseil : on peut préparer une sauce avec du sucre et de l'alcool (rhum) et la verser chaude sur la salade de fruits avant de servir.

GLACES - SORBETS

108 SORBET EXOTIQUE

2 citrons jaunes. 1 citron vert. 1 orange. 250 g de sucre en poudre. 1 petit sachet de sucre vanillé. 2 bananes. Un peu de cannelle. 1 cuillère à soupe de rhum. 1 cuillère à soupe de cognac.

Préparation : 20 minutes - Saladier, mixeur, sorbetière.

Mettre dans un saladier le jus des 3 citrons et de l'orange. Mélanger le sucre en poudre et le sucre vanillé et verser dans le jus de fruits. Mixer les bananes épluchées et les mélanger au rhum et au cognac. Mettre ce mélange dans le jus de fruits et mélanger le tout. Verser la préparation dans une sorbetière et la mettre dans le congélateur 4 à 5 heures.

Remarque : on peut faire de cette manière des sorbets avec tous les jus de fruits. Le sorbet est bon pour la santé, il facilite la digestion.

109 SORBET AUX POIRES

1 kg de poires. 2 citrons. 1 gousse de vanille. 1/4 de litre d'eau. 250 g de sucre en morceaux.

Préparation : 30 minutes - Cuisson : 20 minutes - Casserole, mixeur, sorbetière.

Presser le jus de 2 citrons, le verser dans une casserole avec l'eau et le sucre. Garder 1 poire, éplucher les autres et les couper en morceaux dans la casserole. Faire cuire à feu lent 10 minutes, ajouter la vanille et laisser encore 10 minutes.
Retirer la gousse de vanille et passer les poires au mixeur avec le jus. Verser le tout dans une sorbetière et mettre au congélateur toute la nuit.

Conseil : faire des boules avec la glace, les mettre dans des coupes, et couper des petits morceaux de poires dans chaque coupe.

GÂTEAUX

110 PÂTE BRISÉE

500 g de farine. 3 cuillères à soupe de beurre. 2 cuillères à soupe de sucre. Sel. 1 verre d'eau.

Préparation : 10 minutes - Saladier, rouleau, planche en bois.

Mettre dans un saladier la farine, faire un trou, mettre un peu de sel, le beurre en petits morceaux, de l'eau, du sucre. Faire une boule de ce mélange. Étendre la boule sur une planche ou une table farinée, remettre en boule, étendre encore deux fois.

Conseil : si on n'a pas de rouleau à pâtisserie, utiliser une bouteille.

111 BABA

10 cuillères à soupe de farine. 1 cuillère à soupe de beurre. 1 cuillère à café de levure. 1 verre et demi de crème fraîche. 1/2 verre de rhum. 1 verre d'eau chaude. 3 cuillères à soupe de sucre.

Préparation : 10 minutes - Cuisson : 30 minutes - Saladier, bol, moule.

Dans un saladier, mélanger la farine avec le beurre en petits morceaux, ajouter les œufs et la levure, la crème fraîche. Verser le mélange dans un moule. Mettre le moule dans le four chaud et faire cuire 30 minutes. Sortir du four le baba, l'arroser avec ce mélange à préparer dans un bol : 1/2 verre de rhum, 1 verre d'eau chaude et 3 cuillères à soupe de sucre. Servir froid.

Remarque : le baba a été inventé par un roi de Pologne ; trouvant son dessert trop sec, il l'a arrosé avec du rhum.

112 BRIOCHE

15 cuillères de farine. 1 verre de crème fraîche. 2 cuillères à soupe de sucre. 1 œuf. Un peu de sel. 1 cuillère à café de levure. 30 g de beurre.

Préparation : 15 minutes – Cuisson : 40 minutes – Saladier, plat à four ou moule à gâteaux, batteur.

Mettre dans un saladier la farine, mélanger avec la crème fraîche, le sucre, 1 blanc d'œuf battu en neige, la levure, un peu de sel. Verser le mélange dans un moule beurré, battre un jaune d'œuf et l'étendre sur le mélange. Faire cuire 40 minutes.

Langue : quand on mange trop, on grossit. Parfois c'est le ventre qui devient très gros. On dit alors « prendre de la brioche ».

113 CHARLOTTE AUX POMMES

500 g de pommes. 1 gousse de vanille. 1/2 verre de vin blanc. 3 cuillères à soupe d'eau. 4 cuillères à café de sucre. 30 g de beurre. Pain de mie.

Préparation : 15 minutes – Cuisson : 40 minutes – Casserole, cuillère en bois, cocotte.

Peler et couper très fin les pommes, enlever les pépins. Mettre dans une casserole avec 10 g de beurre, le vin blanc, l'eau, la vanille, le sucre. Mettre sur le feu et faire cuire 5 minutes en remuant avec une cuillère en bois. Mettre dans une cocotte des tranches de pain beurrées. Remplir la cocotte avec les pommes, remettre des tranches fines de pain beurrées. Finir par des tranches de pain. Faire cuire lentement 35 minutes.

Langue : quand quelqu'un s'évanouit, on dit qu'il « tombe dans les pommes ».

114 GÂTEAU AU CHOCOLAT

150 g de chocolat. 4 cuillères à soupe de beurre. 4 cuillères à soupe d'eau. 100 g de farine. 150 g de sucre. 4 œufs. 1 cuillère à café de vanille ou fleur d'oranger.

Préparation : 20 minutes – Cuisson : 1 heure – Casserole, moule.

Faire chauffer doucement dans une casserole le chocolat en morceaux avec deux cuillères à soupe de beurre. Bien remuer, ajouter l'eau et le sucre. Retirer du feu quand le tout est bien

mettre dans un saladier la farine, faire un trou, mettre le beurre en petits morceaux, l'eau, le sucre

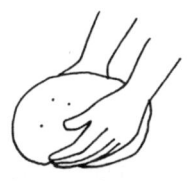

faire une boule

étendre la boule, remettre en boule, étendre encore deux fois

mélangé. Ajouter à ce mélange les jaunes d'œufs, un à un, la farine. Mettre les 4 blancs battus en neige et la vanille ou la fleur d'oranger. Verser le tout dans un moule bien beurré et faire cuire à feu doux 50 à 55 minutes.

Conseil : on peut cuire le gâteau un peu plus longtemps en le mettant au bain-marie (le moule est placé dans un plat contenant de l'eau). Il est plus tendre.

115 PAIN PERDU

6 tranches de pain dur. 1/2 litre de lait. 3 œufs. 150 g de sucre. 80 g de beurre.

Préparation : 10 minutes - Cuisson : 10 minutes - Saladier, poêle.

Dans un saladier, mélanger les œufs, le lait et le sucre. Mettre les tranches de pain dans ce mélange. Faire fondre le beurre dans la poêle. Faire cuire le pain de chaque côté.

Conseil : on peut ajouter de la cannelle, de la vanille ou un peu d'alcool.

116 TARTE AU CITRON, À L'ORANGE

Pâte brisée (n° 110). 150 g de sucre. 60 g de beurre. 3 citrons. 1 œuf.

Préparation : 20 minutes - Cuisson : 45 minutes - Plat à tarte, grand bol, casserole.

Faire une pâte brisée, beurrer un plat à tarte, y mettre la pâte. Dans un grand bol, mélanger l'œuf entier avec le sucre, la peau râpée et le jus des citrons et du beurre fondu. Verser sur la pâte. Faire cuire à four chaud pendant 45 minutes.

Langue : tous les ans, un prix Orange est donné à l'acteur ou l'actrice la plus aimable et un prix Citron au plus désagréable.

117 TARTE AUX FRAISES

Même préparation : framboises, groseilles (fruits crus).

Pâte brisée (n° 110). 500 g de fraises. Sucre. 1 poignée de haricots blancs ou de cailloux propres.

Préparation : 15 minutes - Cuisson : 40 minutes - Saladier, moule à tarte.

Laver les fraises, les couper, les mélanger à du sucre dans un saladier.
Faire une pâte brisée et la mettre dans un moule beurré. La piquer avec une fourchette et couvrir de haricots blancs pour qu'elle reste plate. Quand elle est cuite, jeter les haricots. Placer les fraises sur la pâte.

Conseil : on peut mettre de la confiture de fraises sous les fraises et de la crème fraîche sur les fruits. C'est délicieux !

118 TARTE AUX POIRES

Même préparation : abricots, cerises, prunes, pommes (fruits cuits).

Pâte brisée (n° 110). 500 g de poires.

Préparation : 20 minutes - Cuisson : 40 minutes - Moule à tarte.

Éplucher les poires, les couper en tranches. Faire une pâte brisée et l'étaler dans le moule. La couvrir des tranches de poires. Mettre à four chaud 40 minutes.

Conseil : entre la pâte et les fruits, on peut mettre une compote préparée à l'avance du même fruit, ou d'un autre fruit si on aime les mélanges.

119 TARTE TATIN

250 g de pâte brisée sucrée (n° 110). 100 g de beurre. 200 g de sucre. 2 kg de pommes.

Préparation : 30 minutes - Cuisson : 30 minutes - Casserole, moule à tarte.

Peler les pommes, enlever les pépins, les couper en tranches assez grosses. Mettre du sucre dans un moule à tarte, puis ajouter les pommes. Verser sur les fruits le beurre fondu et un peu de sucre. Étaler la pâte, la mettre sur les pommes en la rentrant bien à l'intérieur du moule. Faire cuire à four chaud 30 minutes. Faire refroidir la tarte et la retourner sur un plat. Les fruits seront dessus.

Remarque : tarte inventée par les sœurs Tatin, un jour où leur préparation s'est retournée en tombant, et où elles ont essayé une nouvelle cuisson.

120 CLAFOUTIS AUX CERISES

Même préparation : abricots, poires, pommes.

100 g de farine. 100 g de sucre. 6 œufs. 1/4 de litre de lait. 750 g de cerises noires. Un peu de beurre. Sel.

Préparation : 20 minutes - Cuisson : 30 minutes - Saladier, plat à four.

Dans un saladier, mélanger la farine, le sucre, un peu de sel et les 6 œufs. Ajouter lentement le lait en tournant toujours. Laver les cerises, enlever les queues et les noyaux. Placer les cerises dans le plat beurré, couvrir avec le mélange. Faire cuire 30 minutes. à four chaud. Verser un peu de sucre sur le plat. Manger à peine chaud.

Conseil : si on a peu de temps, on peut laisser les noyaux. C'est alors un dessert rapide à préparer. On dit aussi que c'est meilleur, mais c'est moins facile à manger !

121 CRÊPES

250 g de farine. 2 œufs. 1/2 litre de lait. 1 cuillère à soupe d'huile. Sel. 1 verre de bière.

Préparation : 10 minutes - Cuisson : 3 minutes par crêpe - Saladier, poêle.

Mettre dans un saladier la farine avec un peu de sel, faire un trou dans la farine et y casser 2 œufs. Verser doucement 1/2 litre de lait, mélanger, ajouter une cuillère d'huile et 1 verre de bière. Laisser reposer la pâte à crêpes 1 heure avant de s'en servir.
Mettre un peu d'huile dans la poêle. Quand elle est chaude, verser une cuillère de pâte et étendre une couche fine dans tout le fond de la poêle. Faire cuire des 2 côtés.
Mettre sur la crêpe du sucre, de la confiture, du chocolat fondu ou de l'alcool...

Remarque : le 2 février, en France, chacun fait des crêpes. La tradition est de jeter une pièce de monnaie sur l'armoire, de lancer la crêpe en l'air pour la retourner et de la rattraper dans la poêle. Si on le fait bien, on sera riche toute l'année.

122 BEIGNETS AUX POMMES

Même préparation : ananas, bananes.

Pâte à beignets : *10 cuillères à soupe de farine. 1 œuf. 1 cuillère à soupe d'huile. Levure. Sel.*

1/2 litre d'huile. 6 pommes. Sucre en poudre.

Préparation : 10 minutes et laisser reposer 1 heure - Cuisson : 10 minutes - Saladier, poêle, batteur.

Mettre dans un saladier la farine. Faire un trou au milieu, y mettre l'huile, la levure, du sel. Mélanger avec 1 verre d'eau. Ajouter 1 blanc d'œuf battu. Laisser reposer 1 heure.
Éplucher les pommes et les couper en rondelles. Mettre les rondelles dans la pâte, puis les mettre dans une poêle remplie d'huile très chaude. Retourner les beignets, les sécher avec du papier, ajouter du sucre en poudre.

Conseil : dans un beignet, on peut mettre bien des choses, même des fleurs d'acacia si on manque de fruit. On peut aussi faire des beignets de légumes : courgettes, aubergines (pâte sans sucre).

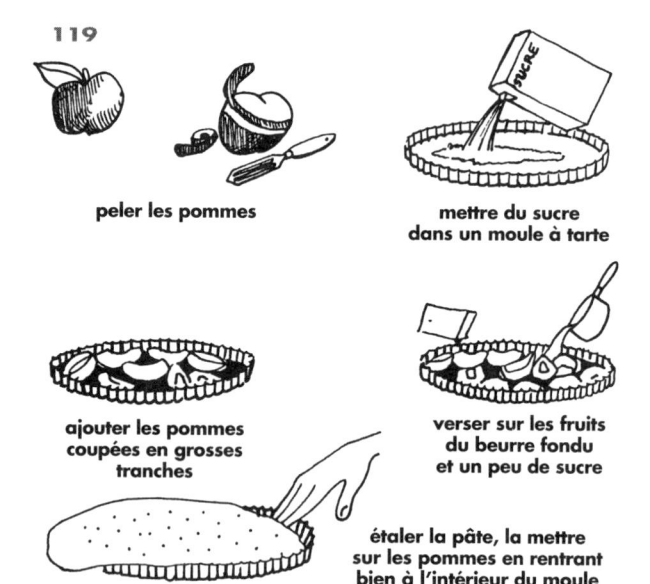

119

peler les pommes

mettre du sucre dans un moule à tarte

ajouter les pommes coupées en grosses tranches

verser sur les fruits du beurre fondu et un peu de sucre

étaler la pâte, la mettre sur les pommes en rentrant bien à l'intérieur du moule

Idées de menus suivant les circonstances

Menu de fête

Langouste thermidor (n° 24).
Gigot d'agneau (n° 52).
Gratin dauphinois (n° 94).
Salade (n° 19).
Fromage.
Baba (n° 111).

Menu de réveillon

Gratin de poisson (n° 74).
Canard aux olives (n° 61).
Salade (n° 17).
Fromage.
Tarte au citron (n° 116).

Plat unique

Cassoulet (n° 54).
Choucroute (n° 55).
Pot-au-feu (n° 42).
Potée campagnarde (n° 59).
Morue en brandade (n° 76).

Menu économique

Soupe à l'oignon gratinée (n° 34).
Hachis parmentier (n° 41).
Pommes au four (n° 106).

Menu chic

Salade folle (n° 18).
Lotte en brochette (n° 75).
Fromage.
Tarte à l'orange (n° 116)

Menu à la mode

Salade au chèvre chaud (n° 16).
Saumon en papillote (n° 78).
Endives braisées (n° 86).
Gâteau au chocolat (n° 114).

Menu d'hiver

Soupe à l'ail (n° 31).
Escalopes aux champignons (n° 45).
Épinards sauce blanche (n° 88).
Mousse au chocolat (n° 101).

Menu de printemps

Asperges à la vinaigrette (n° 10).
Côtelettes grillées (n° 51).
Jardinière de légumes (n° 92).
Tarte aux fraises (n° 117).

Menu d'été

Melon en macédoine (n° 13).
Dorade au four (n° 72).
Ratatouille (n° 96).
Sorbet aux poires (n° 109).

Menu d'automne

Salade d'endives (n° 17).
Petit salé aux lentilles (n° 58).
Tarte Tatin (n° 119).

Menu minceur

Asperges à la vinaigrette (n° 10).
Colin au court-bouillon (n° 71).
Haricots verts à la tomate (n° 91).
Salade de fruits (n° 107).

Menu méditerranéen

Bouillabaisse (n° 35).
Beignets d'aubergines (n° 22).
Salade panachée (n° 21).
Pêches au vin (n° 104).

Menu fraîcheur

Avocat aux crevettes (n° 12).
Sole meunière (n° 79).
Sorbet exotique (n° 108).

Mots et expressions

Les instruments de cuisine

un batteur

un bol

un couvercle
une casserole

une cocotte

une marmite

une cuillère en bois

des coupes à fruits

un four

un mixeur

un moule à gâteaux

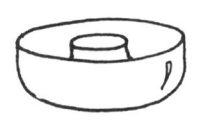

un moule à baba

un moule à tarte

- un rouleau de papier d'aluminium
- une passoire 
- une planche 
- un plat à four 
- une poêle 
- un rouleau à pâtisserie 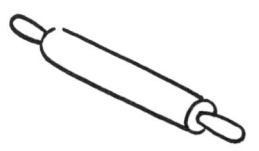
- un saladier 
- une soupière 
- une sorbetière

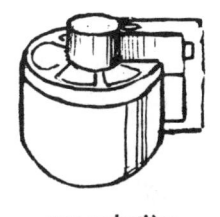

COLLECTION LECTURE FACILE

TITRES PARUS OU À PARAÎTRE

Série Vivre en français

Niveau 1 : La Cuisine française* ; Le Tour de France*.

Niveau 2 : La Grande Histoire de la petite 2 CV* ; La chanson française** ; Paris** ; La Provence*** ; L'Auvergne*** ; L'Alsace.

Niveau 3 : Abbayes et cathédrales de France** ; Versailles sous Louis XIV*** ; La Vie politique française*** ; Le Cinéma français***.

Série Grandes œuvres

Niveau 1 : Carmen*, *P. Mérimée* ; Contes de Perrault* ; Aladin ; Le Roman de Renart ; Les Trois Mousquetaires (T. 1) et (T. 2), *A. Dumas* ; Les Misérables (T. 1) et (T. 2), *V. Hugo* ; Le Tour du Monde en 80 jours, *J. Verne*.

Niveau 2 : Lettres de mon moulin*, *A. Daudet* ; Le Comte de Monte-Cristo (T. 1) et (T. 2)*, *A. Dumas* ; Les Aventures d'Arsène Lupin*, *M. Leblanc* ; Poil de Carotte**, *J. Renard* ; Notre-Dame de Paris (T. 1) et (T. 2)**, *V. Hugo* ; Les Misérables (T. 3), *V. Hugo* ; Germinal**, *É. Zola* ; Tristan et Iseult*** ; Cyrano de Bergerac***, *E. Rostand* ; Sans Famille, *H. Malot* ; Le Petit Chose, *A. Daudet* ; Cinq Contes, *G. de Maupassant* ; Vingt mille lieues sous les mers, *J. Verne*.

Niveau 3 : Tartuffe*, *Molière* ; Au Bonheur des Dames*, *É. Zola* ; Bel-Ami**, *G. de Maupassant* ; Maigret tend un piège, *G. Simenon* ; La tête d'un homme, *G. Simenon* ; L'Affaire Saint-Fiacre, *G. Simenon*.

Série Portraits

Niveau 1 : Victor Hugo** ; Alain Prost***.

Niveau 2 : Colette*, Les Navigateurs français**.

Niveau 3 : Coco Chanel** ; Gérard Depardieu* ; Albert Camus***.

Trois dossiers de l'enseignant sont parus.

* Titres exploités dans le dossier 1.
** Titres exploités dans le dossier 2.
*** Titres exploités dans le dossier 3.

Imprimé en France par I.M.E. - 25110 Baume-les-Dames
Dépôt légal n° 2915-09/1997
Collection n° 04 - Edition n° 03
15/4948/4